PREFACIO

I0145167

La colección de guías de conversación para viajar "Todo irá bien" publicada por T&P Books está diseñada para personas que viajan al extranjero para turismo y negocios. Las guías contienen lo más importante - los elementos esenciales para una comunicación básica.Éste es un conjunto de frases imprescindibles para "sobrevivir" mientras está en el extranjero.

Esta guía de conversación le ayudará en la mayoría de los casos donde usted necesite pedir algo, conseguir direcciones, saber cuánto cuesta algo, etc. Puede también resolver situaciones difíciles de la comunicación donde los gestos no pueden ayudar.

Este libro contiene una gran cantidad de frases que han sido agrupadas según los temas más relevantes. Esta edición también incluye un pequeño vocabulario que contiene alrededor de 3.000 de las palabras más frecuentemente usadas.Otra sección de la guía proporciona un glosario gastronómico que le puede ayudar a pedir los alimentos en un restaurante o a comprar comestibles en la tienda.

Llévese la guía de conversación "Todo irá bien" en el camino y tendrá una insustituible compañera de viaje que le ayudará a salir de cualquier situación y le enseñará a no temer hablar con extranjeros.

TABLA DE CONTENIDOS

T&P Books Publishing

Colección de guías de conversación
"¡Todo irá bien!"

T&P Books Publishing

GUÍA DE CONVERSACIÓN

— ÁRABE —

Andrey Taranov

LAS PALABRAS Y LAS FRASES MÁS ÚTILES

Esta Guía de Conversación
contiene las frases y las
preguntas más comunes
necesitadas para una
comunicación básica
con extranjeros

T&P BOOKS

Guía de conversación + diccionario de 3000 palabras

Guía de conversación Español-Árabe y vocabulario temático de 3000 palabras

por Andrey Taranov

La colección de guías de conversación para viajar "Todo irá bien" publicada por T&P Books está diseñada para personas que viajan al extranjero para turismo y negocios. Las guías contienen lo más importante - los elementos esenciales para una comunicación básica. Éste es un conjunto de frases imprescindibles para "sobrevivir" mientras está en el extranjero.

Este libro también incluye un pequeño vocabulario temático que contiene alrededor de 3.000 de las palabras más frecuentemente usadas. Otra sección de la guía proporciona un glosario gastronómico que le puede ayudar a pedir los alimentos en un restaurante o a comprar comestibles en la tienda.

T&P Books Publishing
www.tpbooks.com

ISBN: 978-1-78716-966-1

Este libro está disponible en formato electrónico o de E-Book también.
Visite www.tpbooks.com o las librerías electrónicas más destacadas en la Red.

PRONUNCIACIÓN

T&P alfabeto fonético	Ejemplo Árabe	Ejemplo español
[a]	طَفَّى [ṭaffā]	radio
[ā]	إختار [iχtār]	contraataque
[e]	هامبورجر [hamburger]	verano
[i]	زفاف [zifāf]	ilegal
[ī]	أبريل [abrīl]	destino
[u]	كلكتا [kalkutta]	mundo
[ū]	جاموس [ʒāmūs]	nocturna
[b]	بداية [bidāya]	en barco
[d]	سعادة [sa'āda]	desierto
[d]	وضع' [waḍ']	[d] faríngea
[ʒ]	الأرجنتين [arʒantīn]	adyacente
[ð]	تذكار [tiðkār]	alud
[z]	ظهر [zahar]	[z] faríngea
[f]	خفيف [χafīf]	golf
[g]	جولف [gūlf]	jugada
[h]	إتّجاه [ittiʒāh]	registro
[ḥ]	أحبّ [aḥabb]	[h] faríngea
[y]	ذهبيّ [ðahabiy]	asiento
[k]	كرسيّ [kursiy]	charco
[l]	لمح [lamaḥ]	lira
[m]	مرصد [marṣad]	nombre
[n]	جنوب [ʒanūb]	sonar
[p]	كابتشينو [kaputʃīnu]	precio
[q]	وثق [waθiq]	catástrofe
[r]	روح [rūḥ]	era, alfombra
[s]	سخريَة [suχriyya]	salva
[ṣ]	معصم [mi'ṣam]	[s] faríngea
[ʃ]	عشاء' ['aʃā']	shopping
[t]	تنّوب [tannūb]	torre
[ṭ]	خريطة [χarīṭa]	[t] faríngea
[θ]	ماموث [mamūθ]	pinzas
[v]	فيتنام [vitnām]	travieso
[w]	ودّع [wadda']	acuerdo
[χ]	بخيل [baχīl]	reloj
[ɣ]	تغدّى [taɣadda]	amigo, magnífico
[z]	ماعز [mā'iz]	desde

5

T&P alfabeto fonético	Ejemplo Árabe	Ejemplo español
['] (ayn)	[sab'a] سبعة	fricativa faríngea sonora
['] (hamza)	[sa'al] سأل	oclusiva glotal sorda

LISTA DE ABREVIATURAS

Abreviatura en Árabe

du	- sustantivo plural (doble)
f	- sustantivo femenino
m	- sustantivo masculino
pl	- plural

Abreviatura en español

adj	- adjetivo
adv	- adverbio
anim.	- animado
conj	- conjunción
etc.	- etcétera
f	- sustantivo femenino
f pl	- femenino plural
fam.	- uso familiar
fem.	- femenino
form.	- uso formal
inanim.	- inanimado
innum.	- innumerable
m	- sustantivo masculino
m pl	- masculino plural
m, f	- masculino, femenino
masc.	- masculino
mat	- matemáticas
mil.	- militar
num.	- numerable
p.ej.	- por ejemplo
pl	- plural
pron	- pronombre
sg	- singular
v aux	- verbo auxiliar
vi	- verbo intransitivo
vi, vt	- verbo intransitivo, verbo transitivo
vr	- verbo reflexivo
vt	- verbo transitivo

T&P BOOKS

GUÍA DE CONVERSACIÓN ÁRABE

Esta sección contiene frases
importantes que pueden
resultar útiles en varias
situaciones de la vida real.
La Guía le ayudará a pedir
direcciones, aclaración
sobre precio, comprar billetes,
y pedir alimentos en un
restaurante

T&P Books Publishing

CONTENIDO DE LA GUÍA DE CONVERSACIÓN

T&P Books Publishing

Lo más imprescindible

Perdone, ...	ba'd ezznak, ... بعد إذنك، ...
Hola.	ahlan أهلا
Gracias.	ʃokran شكراً
Sí.	aywā أيوة
No.	la'a لأ
No lo sé.	ma'raʃʃ ما أعرفش
¿Dónde? | ¿A dónde? | ¿Cuándo?	feyn? | lefeyn? | emta? فين؟ | لفين؟ | إمتى؟
Necesito ...	meḥtāg ... محتاج ...
Quiero ...	'āyez ... عايز ...
¿Tiene ...?	ya tara 'andak ...? يا ترى عندك...؟
¿Hay ... por aquí?	feyh hena ...? فيه هنا ...؟
¿Puedo ...?	momken ...? ممكن ...؟
..., por favor? (petición educada)	... men faḍlak ... من فضلك
Busco ...	ana badawwar 'la ... أنا بادور على ...
el servicio	ḥammām حمام
un cajero automático	makīnet ṣarraf 'āaly ماكينة صراف آلي
una farmacia	ṣaydaliya صيدلية
el hospital	mostaʃfa مستشفى
la comisaría	'essm el ʃorṭa قسم شرطة
el metro	metro el anfā' مترو الأنفاق

un taxi	taksi
	تاكسي
la estación de tren	mahattet el 'attr
	محطة القطر

Me llamo ...	essmy ...
	إسمي...
¿Cómo se llama?	essmak eyh?
	اسمك إيه؟
¿Puede ayudarme, por favor?	te'ddar tesā'dny?
	تقدر تساعدني؟
Tengo un problema.	ana 'andy mo∫kela
	أنا عندي مشكلة
Me encuentro mal.	ana ta'bān
	أنا تعبان
¡Llame a una ambulancia!	otlob 'arabeyet es'āf!
	أطلب عربية إسعاف!
¿Puedo llamar, por favor?	momken a'mel mokalma telefoniya?
	ممكن أعمل مكالمة تليفونية؟

Lo siento.	ana 'āṣsif
	أنا آسف
De nada.	el 'afw
	العفو

Yo	ana
	أنا
tú	enta
	أنت
él	howwa
	هو
ella	hiya
	هي
ellos	homm
	هم
ellas	homm
	هم
nosotros /nosotras/	ehna
	احنا
ustedes, vosotros	entom
	انتم
usted	haddretak
	حضرتك

ENTRADA	doχūl
	دخول
SALIDA	χorūg
	خروج
FUERA DE SERVICIO	'attlān
	عطلان
CERRADO	moγlaq
	مغلق

ABIERTO	maftūḥ مفتوح
PARA SEÑORAS	lel sayedāt للسيدات
PARA CABALLEROS	lel reǧāl للرجال

Preguntas

¿Dónde?	feyn? فين؟
¿A dónde?	lefeyn? لفين؟
¿De dónde?	men feyn? من فين؟
¿Por qué?	leyh? ليه؟
¿Con que razón?	le'ayī sabab? لأي سبب؟
¿Cuándo?	emta? إمتى؟

¿Cuánto tiempo?	leḥadd emta? لحد إمتى؟
¿A qué hora?	fi ayī sā'a? في أي ساعة؟
¿Cuánto?	bekām? بكام؟
¿Tiene ...?	ya tara 'andak ...? يا ترى عندك ...؟
¿Dónde está ...?	feyn ...? فين ...؟

¿Qué hora es?	el sā'a kām? الساعة كام؟
¿Puedo llamar, por favor?	momken a'mel mokalma telefoniya? ممكن أعمل مكالمة تليفونية؟
¿Quién es?	meyn henāk? مين هناك؟
¿Se puede fumar aquí?	momken addaẖen hena? ممكن أدخن هنا؟
¿Puedo ...?	momken ...? ممكن ...؟

Necesidades

Quisiera ...	aḥebb ... أحب ...
No quiero ...	meʃ ʿāyiz ... مش عايز ...
Tengo sed.	ana ʿaṭʃān أنا عطشان
Tengo sueño.	ʿāyez anām عايز أنام

Quiero ...	ʿāyez ... عايز ...
lavarme	atʃattaf أتشطف
cepillarme los dientes	aɣsel senāny أغسل سناني
descansar un momento	artāḥ ʃwaya أرتاح شوية
cambiarme de ropa	aɣayar hodūmy أغير هدومي

volver al hotel	argaʿ lel fondoq أرجع للفندق
comprar ...	ʃerāʾ ... شراء ...
ir a ...	arūḥ le... أروح لـ...
visitar ...	azūr ... أزور ...
quedar con ...	aʿābel ... أقابل ...
hacer una llamada	aʿmel mokalma telefoniya أعمل مكالمة تليفونية

Estoy cansado /cansada/.	ana taʿbān أنا تعبان
Estamos cansados /cansadas/.	eḥna taʿbānīn إحنا تعبانين
Tengo frío.	ana bardān أنا بردان
Tengo calor.	ana ḥarran أنا حران
Estoy bien.	ana kowayes أنا كويس

Tengo que hacer una llamada.

mehtāg a'mel mokalma telefoneya

محتاج أعمل مكالمة تليفونية

Necesito ir al servicio.

mehtāg arūḥ el ḥammam

محتاج أروح الحمام

Me tengo que ir.

lāzem amʃy

لازم أمشي

Me tengo que ir ahora.

lāzem amʃy dellwa'ty

لازم أمشي دلوقتي

Preguntar por direcciones

Perdone, ...	ba'd ezznak, ... ،بعد إذنك
¿Dónde está ...?	feyn ...? ؟... فين
¿Por dónde está ...?	meneyn ...? ؟... منين
¿Puede ayudarme, por favor?	momken tesā'edny, men faḍlak? ممكن تساعدني، من فضلك؟

Busco ...	ana badawwar 'la ... ... أنا بادور على
Busco la salida.	baddawwar 'la ṭarīq el xorūg بادور على طريق الخروج
Voy a ...	ana rāyeḥ le... ...أنا رايح لـ
¿Voy bien por aquí para ...?	ana māʃy fel ṭarīq el ṣaḥḥ le ...? ؟ ...أنا ماشي في الطريق الصح لـ

¿Está lejos?	howwa beʿīd? هو بعيد؟
¿Puedo llegar a pie?	momken awṣal ḥenāk māʃy? ممكن أوصل هناك ماشي؟
¿Puede mostrarme en el mapa?	momken tewarrīny 'lal xarīṭa? ممكن توريني على الخريطة؟
Por favor muestreme dónde estamos.	momken tewarrīny eḥna feyn dellwaʾty? ممكن توريني إحنا فين دلوقتي؟

Aquí	hena هنا
Allí	henāk هناك
Por aquí	men hena من هنا

Gire a la derecha.	oddxol yemīn ادخل يمين
Gire a la izquierda.	oddxol ʃemal ادخل شمال
la primera (segunda, tercera) calle	awwel (tāny, tālet) ʃāre' أول (تاني، تالت) شارع
a la derecha	'lal yemīn على اليمين

a la izquierda   'lal ʃemal
                                  على الشمال

Siga recto.   'la ṭūl
                                  على طول

Carteles

¡BIENVENIDO!	marḥaba مرحبا
ENTRADA	doχūl دخول
SALIDA	χorūg خروج

EMPUJAR	eddfaʿ إدفع
TIRAR	ess-ḥab إسحب
ABIERTO	maftūḥ مفتوح
CERRADO	moχlaq مغلق

PARA SEÑORAS	lel sayedāt للسيدات
PARA CABALLEROS	lel regāl للرجال
CABALLEROS	el sāda السادة
SEÑORAS	el sayedāt السيدات

REBAJAS	taχfīdāt تخفيضات
VENTA	okazyōn اوكازيون
GRATIS	maggānan مجانا
¡NUEVO!	gedīd! جديد!
ATENCIÓN	ennttabeh! إنتبه!

COMPLETO	mafiʃ makān ما فيش مكان
RESERVADO	maḥgūz محجوز
ADMINISTRACIÓN	el edāra الإدارة
SÓLO PERSONAL AUTORIZADO	lel ʿamelīn faqaṭ للعاملين فقط

CUIDADO CON EL PERRO	ehhtaress men el kalb! إحترس من الكلب!
NO FUMAR	mammnū' el tadχīn! ممنوع التدخين!
NO TOCAR	mammnū' el lammss! ممنوع اللمس!

PELIGROSO	χatīr خطير
PELIGRO	χatar خطر
ALTA TENSIÓN	gohd 'āly جهد عالي
PROHIBIDO BAÑARSE	mammnū' el sebāha! ممنوع السباحة!

FUERA DE SERVICIO	'attlān عطلان
INFLAMABLE	qābel lel efte'āl قابل للإشتعال
PROHIBIDO	mammnū' ممنوع
PROHIBIDO EL PASO	mammnū' el taχatty! ممنوع التخطي!
RECIÉN PINTADO	talā' hadiis طلاء حديث

CERRADO POR RENOVACIÓN	moγlaq lel tagdedāt مغلق للتجديدات
EN OBRAS	afγāl fel tarīq أشغال في الطريق
DESVÍO	monhany منحنى

Transporte. Frases generales

el avión	ţayāra طيارة
el tren	'attr قطر
el bus	otobiis اوتوبيس
el ferry	safīna سفينة
el taxi	taksi تاكسي
el coche	'arabiya عربية

el horario	gadwal جدول
¿Dónde puedo ver el horario?	aʿdar aʃūf el gadwal feyn? أقدر أشوف الجدول فين؟
días laborables	ayām el ossbūʿ أيام الأسبوع
fines de semana	nehāyet el osbūʿ نهاية الأسبوع
días festivos	el 'agazāt الأجازات

SALIDA	el saffar السفر
LLEGADA	el wosūl الوصول
RETRASADO	mettˈxara متأخرة
CANCELADO	molxā ملغاه

siguiente (tren, etc.)	el gayī الجاي
primero	el awwel الأول
último	el 'axīr الأخير

¿Cuándo pasa el siguiente …?	emta el … elly gayī? إمتى الـ ... إللي جاي؟
¿Cuándo pasa el primer …?	emta awwel …? إمتى اول ...؟

¿Cuándo pasa el último …?

emta 'āχer …?
إمتى آخر ...؟

el trasbordo (cambio de trenes, etc.)

tabdīl
تبديل

hacer un trasbordo

abạddel
أبدل

¿Tengo que hacer un trasbordo?

hal aḥtāg le tabdīl el…?
هل أحتاج لتبديل الـ....؟

Comprar billetes

¿Dónde puedo comprar un billete?	meneyn momken aʃtery tazāker? منين ممكن أشتري تذاكر؟
el billete	tazzkara تذكرة
comprar un billete	ʃerā' tazāker شراء تذاكر
precio del billete	as'ār el tazāker أسعار التذاكر
¿Para dónde?	lefeyn? لفين؟
¿A qué estación?	le'ayī mahatta? لأي محطة؟
Necesito …	mehtāg … محتاج ...
un billete	tazzkara wahda تذكرة واحدة
dos billetes	tazzkarteyn تذكرتين
tres billetes	talat tazāker تلات تذاكر
sólo ida	zehāb faqatt ذهاب فقط
ida y vuelta	zehāb we 'awda ذهاب وعودة
en primera (primera clase)	daraga ūla درجة أولى
en segunda (segunda clase)	daraga tanya درجة ثانية
hoy	el naharda النهاردة
mañana	bokra بكرة
pasado mañana	ba'd bokra بعد بكرة
por la mañana	el sobh الصبح
por la tarde	ba'd el zohr بعد الظهر
por la noche	bel leyl بالليل

asiento de pasillo	korsy mammar
	كرسي ممر
asiento de ventanilla	korsy ʃebbāk
	كرسي شباك
¿Cuánto cuesta?	bekām?
	بكام؟
¿Puedo pagar con tarjeta?	momken addfaʿ be kart eʾtemān?
	ممكن أدفع بكارت إئتمان؟

Autobús

el autobús	el otobiis الأوتوبيس
el autobús interurbano	otobiis beyn el moddon أوتوبيس بين المدن
la parada de autobús	mahattet el otobiis محطة الأوتوبيس
¿Dónde está la parada de autobuses más cercana?	feyn aqrab mahattet otobiis? فين أقرب محطة أوتوبيس؟
número	raqam رقم
¿Qué autobús tengo que tomar para ...?	'āxod ayī otobiis le ...? أخذ أي اوتوبيس لـ...؟
¿Este autobús va a ...?	el otobiis da beyrūh ...? الأوتوبيس دة بيروح ...؟
¿Cada cuanto pasa el autobús?	el otobiis beyīgi kol 'add eyh? الأوتوبيس بيجي كل قد إيه؟
cada 15 minutos	kol xamasstāʃar daqīqa كل 15 دقيقة
cada media hora	kol noṣṣ sāʿa كل نص ساعة
cada hora	kol sāʿa كل ساعة
varias veces al día	kaza marra fel yome كذا مرة في اليوم
... veces al día	... marrat fell yome ... مرات في اليوم
el horario	gadwal جدول
¿Dónde puedo ver el horario?	aʿdar aʃūf el gadwal feyn? أقدر أشوف الجدول فين؟
¿Cuándo pasa el siguiente autobús?	emta el otobīss elly gayī? إمتى الأتوبيس إللي جاي؟
¿Cuándo pasa el primer autobús?	emta awwel otobiis? إمتى أول أوتوبيس؟
¿Cuándo pasa el último autobús?	emta 'āxer otobiis? إمتى آخر أوتوبيس؟
la parada	mahatta محطة
la siguiente parada	el mahatta el gaya المحطة الجاية

la última parada

aχer maḥatta
آخر محطة (آخر الخط)

Pare aquí, por favor.

laww samaḥt, wa'eff hena
لو سمحت، وقف هنا

Perdone, esta es mi parada.

ba'd ezznak, di maḥaṭṭetti
بعد إذنك، دي محطتي

Tren

el tren	el 'attr
	القطر
el tren de cercanías	'attr el dawāhy
	قطر الضواحي
el tren de larga distancia	'attr el masāfāt el tawīla
	قطر المسافات الطويلة
la estación de tren	mahattet el 'attr
	محطة القطر
Perdone, ¿dónde está la salida al anden?	ba'd ezznak, meneyn el tarīq lel rasīf
	بعد إذنك، منين الطريق للرصيف؟

¿Este tren va a …?	el 'attr da beyrūh …?
	ألقطر دة بيروح ...؟
el siguiente tren	el 'attr el gayī?
	القطر الْجاي؟
¿Cuándo pasa el siguiente tren?	emta el 'attr elly gayī?
	إمتى القطر إللي جاي؟
¿Dónde puedo ver el horario?	a'dar afūf el gadwal feyn?
	أقدر أشوف الجدول فين؟
¿De qué andén?	men ayī rasīf?
	من أي رصيف؟
¿Cuándo llega el tren a …?	emta yewsal el 'attr …?
	إمتى يوصل القطر ... ؟

Ayudeme, por favor.	argūk sā'dny
	ارجوك ساعدني
Busco mi asiento.	baddawwar 'lal korsy betā'y
	بأدور على الكرسي بتاعي
Buscamos nuestros asientos.	ehna benndawwar 'la karāsy
	إحنا بندور على كراسي
Mi asiento está ocupado.	el korsy betā'i mafɣūl
	ألكرسي بتاعي مشغول
Nuestros asientos están ocupados.	karaseyna mafɣūla
	كراسينا مشغولة

Perdone, pero ooo es mi asienlu.	'ahn ezznak, el korsy da betā'y
	عن إذنك، الكرسي دة بتاعي
¿Está libre?	el korsy da mahgūz?
	ألكرسي دة محجوز؟
¿Puedo sentarme aquí?	momken a''od hena?
	ممكن أقعد هنا؟

En el tren. Diálogo (Sin billete)

Su billete, por favor.	tazāker men faḍlak تذاكر من فضلك
No tengo billete.	ma'andīʃ tazzkara ما عنديش تذكرة
He perdido mi billete.	tazzkarty ḍāʻet تذكرتي ضاعت
He olvidado mi billete en casa.	nesīt tazkarty fel beyt نسيت تذكرتي في البيت

Le puedo vender un billete.	momken teʃtery menny tazkara ممكن تشتري مني تذكرة
También deberá pagar una multa.	lāzem teddfaʻ yarāma kaman لازم تدفع غرامة كمان
Vale.	tamām تمام
¿A dónde va usted?	enta rāyeḥ feyn? إنت رايح فين؟
Voy a ...	ana rāyeḥ le... أنا رايح لـ....

¿Cuánto es? No lo entiendo.	bekām? ana meʃ fāhem بكام؟ أنا مش فاهم
Escríbalo, por favor.	ektebha laww samaḥt إكتبها لو سمحت
Vale. ¿Puedo pagar con tarjeta?	tamām. momken addfaʻ be kredit kard? تمام. ممكن أدفع بكريدت كارد؟
Sí, puede.	aywā momken أيوة ممكن

Aquí está su recibo.	ettfaḍḍal el īṣāl أتفضل الإيصال
Disculpe por la multa.	ʼāssef bexeṣūṣ el yarāma آسف بخصوص الغرامة
No pasa nada. Fue culpa mía.	mafīʃ moʃkela. di yaltety ما فيش مشكلة. دي غلطتي
Disfrute su viaje.	esstammteʻ be reḥlatek استمتع برحلتك

Taxi

taxi	taksi تاكسي
taxista	sawwā' el taksi سواق التاكسي
coger un taxi	'āχod taksi أخد تاكسي
parada de taxis	maw'af taksi موقف تاكسي
¿Dónde puedo coger un taxi?	meneyn āχod taksi? منين أخد تاكسي؟
llamar a un taxi	an taṭṭlob taksi أن تطلب تاكسي
Necesito un taxi.	aḥtāg taksi أحتاج تاكسي
Ahora mismo.	al'āan الآن
¿Cuál es su dirección?	ma howa 'ennwānak? ما هو عنوانك؟
Mi dirección es …	'ennwāny fi … عنواني في …
¿Cuál es el destino?	ettegāhak? إتجاهك؟
Perdone, …	ba'd ezznak, … بعد إذنك، …
¿Está libre?	enta fāḍy? إنت فاضي؟
¿Cuánto cuesta ir a …?	bekām arūḥ…? بكام أروح…؟
¿Sabe usted dónde está?	te'raf hiya feyn? تعرف هي فين؟
Al aeropuerto, por favor.	el maṭār men faḍlak المطار من فضلك
Pare aquí, por favor.	wa'eff hena, laww samaḥt وقف هنا، لو سمحت
No es aquí.	meʃ hena مش هنا
La dirección no es correcta.	da 'enwān ɣalat دة عنوان غلط
Gire a la izquierda.	oddχol ʃemal ادخل شمال
Gire a la derecha.	oddχol yemīn ادخل يمين

¿Cuánto le debo?	ʻlayī līk kām? عليّ لك كام؟
¿Me da un recibo, por favor?	ʻāyez īṣāl men faḍlak. عايز إيصال، من فضلك.
Quédese con el cambio.	χally el bāʼy خللي الباقي

Espéreme, por favor.	momken tesstannāny laww samaḥt? ممكن تستناني لو سمحت؟
cinco minutos	χamas daqāʼeq خمس دقائق
diez minutos	ʻaʃar daqāʼeq عشر دقائق
quince minutos	robʻ sāʻa ربع ساعة
veinte minutos	telt sāʻa تلت ساعة
media hora	noṣṣ sāʻa نص ساعة

Hotel

Hola.	ahlan أهلا
Me llamo ...	essmy ... ... إسمي
Tengo una reserva.	'andy haggz عندي حجز

Necesito ...	mehtāg ... ... محتاج
una habitación individual	γorfa moffrada غرفة مفردة
una habitación doble	γorfa mozzdawwaga غرفة مزدوجة
¿Cuánto cuesta?	se'raha kām? سعرها كام؟
Es un poco caro.	di γalya ʃewaya دي غالية شوية

¿Tiene alguna más?	'andak χayarāt tanya? عندك خيارات تانية؟
Me quedo.	haχod-ha ح أخدها
Pagaré en efectivo.	haddfa' naqqdy ح أدفع نقدي

Tengo un problema.	ana 'andy moʃkela أنا عندي مشكلة
Mi ... no funciona.	... maksūr ...مكسور
Mi ... está fuera de servicio.	... 'atlān /'atlāna/ ...عطلان /عطلانة
televisión	el televizyōn التليفزيون
aire acondicionado	el takyīf التكييف
grifo	el hanafiya (~ 'atlāna) الحنفية

ducha	el doʃ الدش
lavabo	el banyo البانيو
caja fuerte	el χāzena (~ 'atlāna) الخازنة

cerradura	'effl el bāb
	قفل الباب
enchufe	maxrag el kahraba
	مخرج الكهربا
secador de pelo	mogaffef el ʃaʿr
	مجفف الشعر

No tengo …	ma'andīʃ …
	ما عنديش …
agua	maya
	مية
luz	nūr
	نور
electricidad	kahraba
	كهربا

¿Me puede dar …?	momken teddīny …?
	ممكن تديني …؟
una toalla	fūṭa
	فوطة
una sábana	baṭṭaneya
	بطّانية
unas chanclas	ʃebʃeb
	شبشب
un albornoz	robe
	روب
un champú	ʃambū
	شامبو
jabón	ṣabūn
	صابون

Quisiera cambiar de habitación.	aḥebb aɣayar el oḍa
	أحب أغير الأوضة
No puedo encontrar mi llave.	meʃ lā'y meftāḥy
	مش لاقي مفتاحي
Por favor abra mi habitación.	momken tefftaḥ oḍḍty men faḍlak?
	ممكن تفتح أوضتي من فضلك؟
¿Quién es?	meyn henāk?
	مين هناك؟
¡Entre!	ettfaḍḍal!
	إتفضل!
¡Un momento!	daqīqa wāḥeda!
	دقيقة واحدة!
Ahora no, por favor.	meʃ dellwa'ty men faḍlak
	مش دلوقتي من فضلك

Venga a mi habitación, por favor.	ta'āla oḍḍty laww samaḥt
	تعالى أوضتي لو سمحت
Quisiera hacer un pedido.	'āyez ṭalab men xeddmet el wagabāt
	عايز طلب من خدمة الوجبات
Mi número de habitación es …	raqam oḍḍty howa …
	رقم أوضتي هو …

Me voy ...	ana māʃy ... أنا ماشي ...
Nos vamos ...	ehna maʃyīn ... إحنا ماشيين ...
Ahora mismo	dellwa'ty دلوقتي
esta tarde	ba'd el zohr بعد الظهر
esta noche	el leyla di الليلة دي
mañana	bokra بكرة
mañana por la mañana	bokra el sobh بكرة الصبح
mañana por la noche	bokra bel leyl بكرة بالليل
pasado mañana	ba'd bokra بعد بكرة

Quisiera pagar la cuenta.	ahebb adfa' أحب أدفع
Todo ha estado estupendo.	kol ʃey' kan rā'e' كل شيء كان رائع
¿Dónde puedo coger un taxi?	feyn momken alā'y taksi? فين ممكن ألاقي تاكسي؟
¿Puede llamarme un taxi, por favor?	momken tottlob lī taksi laww samaht? ممكن تطلب لي تاكسي لو سمحت؟

Restaurante

¿Puedo ver el menú, por favor?	momken aʃūf qã'ema el ṭaʿām men faḍlak? ممكن أشوف قائمة الطعام من فضلك؟
Mesa para uno.	tarabeyza le ʃaxṣ wāḥed ترابيزة لشخص واحد
Somos dos (tres, cuatro).	ehnạ etneyn (talāta, arbaʿa) إحنا اتنين (ثلاثة، أربعة)
Para fumadores	modaxenīn مدخنين
Para no fumadores	ɣeyr moddaxenīn غير مدخنين
¡Por favor! (llamar al camarero)	laww samaḥt لو سمحت
la carta	qã'emat el ṭaʿām قائمة الطعام
la carta de vinos	qã'emat el nebīz قائمة النبيذ
La carta, por favor.	el qã'ema, laww samaḥt القائمة، لو سمحت
¿Está listo para pedir?	mossta'ed toṭlob? مستعد تطلب؟
¿Qué quieren pedir?	hataxod eh? ح تاخد إيه؟
Yo quiero ...	ana hāxod ... أنا ح أخد ...
Soy vegetariano.	ana nạbāty أنا نباتي
carne	lahma لحم
pescado	samakk سمك
verduras	xoḍār خضار
¿Tiene platos para vegetarianos?	ʿandak atṭbāq nabātiya? عندك أطباق نباتية؟
No como cerdo.	lā 'āakol ẹl xanzīr لا أكل الخنزير
Él /Ella/ no come carne.	howwa /hiya/ la tākol el lahm هو/هي/ لا تأكل اللحم

35

Soy alérgico a …	'andy ḥasasseya men … عندي حساسية من ...
¿Me puede traer …, por favor?	momken tegīb lī … ممكن تجيب لي...
sal | pimienta | azúcar	melḥ | felfel | sokkar ملح ا فلفل ا سكر
café | té | postre	'ahwa | ʃāy | ḥelw قهوة ا شاي ا حلو
agua | con gas | sin gas	meyāh | ɣaziya | 'adiya مياه ا غازية ا عادية
una cuchara | un tenedor | un cuchillo	ma'la'a | ʃowka | sekkīna ملعقة ا شوكة ا سكينة
un plato | una servilleta	ṭabaq | fūṭa طبق افوطة

¡Buen provecho!	bel hana wel ʃefa بالهنا والشفا
Uno más, por favor.	waḥda kamān laww samaḥt واحدة كمان لو سمحت
Estaba delicioso.	kanet lazīza geddan كانت لذيذة جدا

la cuenta | el cambio | la propina	ʃīk | fakka | ba'ʃīʃ شيك أفكة ابقشيش
La cuenta, por favor.	momken el hesāb laww samaḥt? ممكن الحساب لو سمحت؟
¿Puedo pagar con tarjeta?	momken addfa' be kart e'temān? ممكن أدفع بكارت إئتمان؟
Perdone, aquí hay un error.	ana 'āssif, feyh ɣalṭa hena أنا آسف، في غلطة هنا

De Compras

¿Puedo ayudarle?	momken asa'dak? ممكن أساعدك؟
¿Tiene ...?	ya tara 'andak ...? يا ترى عندك ...؟
Busco ...	ana badawwar 'la ... أنا بادور على ...
Necesito ...	meḥtāg ... محتاج ...

Sólo estoy mirando.	ana battfarrag أنا بأتفرج
Sólo estamos mirando.	eḥna benettfarrag إحنا بنتفرج
Volveré más tarde.	ḥāgy ba'deyn ح آجي بعدين
Volveremos más tarde.	ḥaneygy ba'deyn ح نيجي بعدين
descuentos | oferta	taxfīdāt | okazyōn تخفيضات الأوكازيون

Por favor, enséñeme ...	momken tewarrīny ... laww samaḥt? ممكن توريني ... لو سمحت؟
¿Me puede dar ..., por favor?	momken teddīny ... laww samaḥt ممكن تديني ... لو سمحت
¿Puedo probarmelo?	momken a'īs? ممكن أقيس؟
Perdone, ¿dónde están los probadores?	laww samaḥt, feyn el brova? لو سمحت، فين البروفا؟
¿Qué color le gustaría?	'āyez ayī lone? عايز أي لون؟
la talla | el largo	maqās | ṭūl مقاس ا طول
¿Cómo le queda? (¿Está bien?)	ya tara el maqās mazbūṭ? يا ترى المقاس مضبوظ؟

¿Cuánto cuesta esto?	bekām? بكام؟
Es muy caro.	da ɣāly geddan دة غالي جدا
Me lo llevo.	ḥaʃtereyh ح أشتريه
Perdone, ¿dónde está la caja?	ba'd ezznak, addfa' feyn laww samaḥt? بعد إذنك، أدفع فين لو سمحت؟

¿Pagará en efectivo o con tarjeta?	ḥateddfaʿ naqqdan walla be kart eʾtemān? ح تدفع نقدا ولا بكارت إئتمان؟
en efectivo | con tarjeta	naqdan | be kart eʾtemān نقدا ا بكارت إئتمان

¿Quiere el recibo?	ʿāyez īşāl? عايز إيصال؟
Sí, por favor.	aywā, men faḍlak أيوة، من فضلك
No, gracias.	lā, mafīʃ moʃkela لا، ما فيش مشكلة
Gracias. ¡Que tenga un buen día!	ʃokran. yome saʾīd شكرا. يوم سعيد

En la ciudad

Perdone, por favor.	ba'd ezznak, laww samaḥt بعد إذنك، لو سمحت
Busco …	ana badawwar 'la … أنا بادور على ...
el metro	metro el anfā' مترو الأنفاق
mi hotel	el fondo' betā'i الفندق بتاعي
el cine	el sinema السينما
una parada de taxis	maw'af taksi موقف تاكسي
un cajero automático	makīnet ṣarraf 'āaly ماكينة صراف آلي
una oficina de cambio	maktab ṣarrafa مكتب صرافة
un cibercafé	maqha internet مقهى انترنت
la calle …	ʃāre'… ... شارع
este lugar	el makān da المكان دة
¿Sabe usted dónde está …?	hal te'raf feyn …? هل تعرف فين ...؟
¿Cómo se llama esta calle?	essmu eyh el ʃāre' da? اسمه إيه الشارع دة؟
Muestreme dónde estamos ahora.	momken tewarrīny eḥna feyn dellwa'ty? ممكن توريني إحنا فين دلوقتي؟
¿Puedo llegar a pie?	momken awṣal ḥenāk māʃy? ممكن أوصل هناك ماشي؟
¿Tiene un mapa de la ciudad?	'andak χarīṭa lel madīna? عندك خريطة للمدينة؟
¿Cuánto cuesta la entrada?	bekām tazkaret el doχūl? بكام تذكرة الدخول؟
¿Se pueden hacer fotos aquí?	momken aṣṣawwar hena? ممكن أصور هنا؟
¿Está abierto?	entom fatt-ḥīn? إنتم فاتحين؟

¿A qué hora abren?

emta betefftaḥu?

إمتى بتفتحوا؟

¿A qué hora cierran?

emta bete'ffelu?

إمتى بتقفلوا؟

Dinero

Español	Transcripción	Árabe
dinero	folūss	فلوس
efectivo	naqdy	نقدي
billetes	folūss waraqiya	فلوس ورقية
monedas	fakka	فكة
la cuenta | el cambio | la propina	ʃīk | fakka | ba'ʃīʃ	شيك أفكة أبقشيش
la tarjeta de crédito	kart e'temān	كارت إئتمان
la cartera	maḥfaza	محفظة
comprar	ʃerā'	شراء
pagar	daf'	دفع
la multa	yarāma	غرامة
gratis	maggānan	مجانا
¿Dónde puedo comprar ...?	feyn momken aʃtery ...?	فين ممكن أشتري ...؟
¿Está el banco abierto ahora?	hal el bank fāteḥ dellwa'ty	هل البنك فاتح دلوقتي؟
¿A qué hora abre?	emta betefftaḥ?	إمتى بيفتح؟
¿A qué hora cierra?	emta beye'ffel?	إمتى بيقفل؟
¿Cuánto cuesta?	bekām?	بكام؟
¿Cuánto cuesta esto?	bekām da?	بكام دة؟
Es muy caro.	da yāly geddan	دة غالي جدا
Perdone, ¿dónde está la caja?	ba'd ezznak, addfa' feyn laww samaḥt?	بعد إذنك، أدفع فين لو سمحت؟
La cuenta, por favor.	el ḥesāb men faḍlak	الحساب من فضلك

¿Puedo pagar con tarjeta?	momken addfa' þe kart e'temãn? ممكن أدفع بكارت إئتمان؟
¿Hay un cajero por aquí?	feyh hena makīnet ṣarraf 'āaly? فيه هنا ماكينة صراف آلي؟
Busco un cajero automático.	baddawwar 'la makīnet ṣarraf 'ālly بادور على ماكينة صراف آلي
Busco una oficina de cambio.	baddawwar 'la maktab ṣarrāfa بادور على مكتب صرافة
Quisiera cambiar ...	'āyez aɣayar ... عايز أغير ...
¿Cuál es el tipo de cambio?	se'r el 'omla kãm? سعر العملة كام؟
¿Necesita mi pasaporte?	enta meḥtãg gawãz safary? إنت محتاج جواز سفري؟

Tiempo

¿Qué hora es?	el sā'a kām? الساعة كام؟
¿Cuándo?	emta? إمتى؟
¿A qué hora?	fi ayī sā'a? في أي ساعة؟
ahora | luego | después de …	dellwa'ty | ba'deyn | ba'd … دلوقتي ا بعدين ا بعد …
la una	el sā'a waḥda الساعة واحدة
la una y cuarto	el sā'a waḥda we rob' الساعة واحدة وربع
la una y medio	el sā'a waḥda we noṣṣ الساعة واحدة ونص
las dos menos cuarto	el sā'a etneyn ellā rob' الساعة إتنين إلا ربع
una | dos | tres	waḥda | etneyn | talāta واحدة الاتنين اتلاتة
cuatro | cinco | seis	arba'a | χamsa | setta أربعة ا خمسة ا ستة
siete | ocho | nueve	sabb'a | tamanya | tess'a سبعة ا ثمانية اتسعة
diez | once | doce	'aʃra | hedāʃar | etnāʃar عشرة ا حداشر ا اتناشر
en …	fi … في …
cinco minutos	χamas daqā'eq خمس دقائق
diez minutos	'aʃar daqā'eq عشر دقائق
quince minutos	rob' sā'a ربع ساعة
veinte minutos	telt sā'a تلت ساعة
media hora	noṣṣ sā'a نص ساعة
una hora	sā'a ساعة
por la mañana	el sobḥ الصبح

por la mañana temprano	el sobḥ badri
الصبح بدري
esta mañana	el naharda el ṣobḥ
النهاردة الصبح
mañana por la mañana	bokra el ṣobḥ
بكرة الصبح

al mediodía	fi noṣṣ el yome
في نص اليوم
por la tarde	ba'd el ẓohr
بعد الظهر
por la noche	bel leyl
بالليل
esta noche	el leyla di
الليلة دي

por la noche	bel leyl
بالليل
ayer	emmbāreḥ
إمبارح
hoy	el naharda
النهاردة
mañana	bokra
بكرة
pasado mañana	ba'd bokra
بعد بكرة

¿Qué día es hoy?	el naharda eyh fel ayām?
النهاردة إيه في الأيام؟
Es ...	el naharda ...
النهاردة ...
lunes	el etneyn
الإتنين
martes	el talāt
التلات
miércoles	el 'arba'
الأربع

jueves	el χamīs
الخميس
viernes	el gumu'ā
الجمعة
sábado	el sabt
السبت
domingo	el ḥadd
الحد

Saludos. Presentaciones.

Hola.	ahlan أهلا
Encantado /Encantada/ de conocerle.	saʿīd be leqā'ak سعيد بلقائك
Yo también.	ana ass'ad أنا أسعد
Le presento a …	aʿarrafak be … أعرفك بـ …
Encantado.	forṣa saʿīda فرصة سعيدة

¿Cómo está?	ezzayak? إزيك؟
Me llamo …	esmy … أسمي …
Se llama …	essmu … إسمه …
Se llama …	essmaha … إسمها …
¿Cómo se llama (usted)?	essmak eyh? إسمك إيه؟
¿Cómo se llama (él)?	essmu eyh? إسمه إيه؟
¿Cómo se llama (ella)?	essmaha eyh? إسمها إيه؟

¿Cuál es su apellido?	essm ʿā'eltak eyh? إسم عائلتك إيه؟
Puede llamarme …	te'ddar tenadīny be… تقدر تناديني بـ…
¿De dónde es usted?	enta meneyn? إنت منين؟
Yo soy de ….	ana men … أنا من …
¿A qué se dedica?	beteftaɣal eh? بتشتغل إيه؟
¿Quién es?	meyn da مين دة
¿Quién es él?	meyn howwa? مين هو؟
¿Quién es ella?	meyn hiya? مين هي؟
¿Quiénes son?	meyn homm? مين هم؟

Este es …	da yeb'ā … دة يبقى …
mi amigo	ṣadīqy صديقي
mi amiga	ṣadīqaty صديقتي
mi marido	gouzy جوزي
mi mujer	merāty مراتي

mi padre	waldy والدي
mi madre	waldety والدتي
mi hermano	axūya أخويا
mi hijo	ebny إبني
mi hija	bennty بنتي

Este es nuestro hijo.	da ebnena دة إبننا
Esta es nuestra hija.	di benntena دي بنتنا
Estos son mis hijos.	dole awwlādy دول أولادي
Estos son nuestros hijos.	dole awwladna دول أولادنا

Despedidas

¡Adiós!	ella alliqā' إلى اللقاء
¡Chau!	salām سلام
Hasta mañana.	aʃūfak bokra أشوفك بكرة
Hasta pronto.	aʃūfak orayeb أشوفك قريب
Te veo a las siete.	aʃūfak el sā'a sab'a أشوفك الساعة سبعة
¡Que se diviertan!	esstammte'! إستمتع!
Hablamos más tarde.	netkallem ba'deyn نتكلم بعدين
Que tengas un buen fin de semana.	'oṭlet osbūʾ saīda عطلة أسبوع سعيدة
Buenas noches.	teṣṣbaḥ 'la ẋeyr تصبح على خير
Es hora de irme.	gā' waqt el zehāb جاء وقت الذهاب
Tengo que irme.	lāzem amʃy لازم أمشي
Ahora vuelvo.	ḥarga' 'la ṭūl ح أرجع على طول
Es tarde.	el waqt mett'aẋar الوقت متأخر
Tengo que levantarme temprano.	lāzem aṣṣ-ḥa badry لازم أصحى بدري
Me voy mañana.	ana māʃy bokra أنا ماشي بكرة
Nos vamos mañana.	eḥḥna maʃyīn bokra إحنا ماشيين بكرة
¡Que tenga un buen viaje!	reḥla saīda! رحلة سعيدة!
Ha sido un placer.	forṣa saīda فرصة سعيدة
Fue un placer hablar con usted.	sa'eddt bel kalām ma'ak سعدت بالكلام معك
Gracias por todo.	ʃokran 'la koll ʃeyʾ شكرا على كل شيء

Lo he pasado muy bien.	ana qaḍḍayt waqṭ saʿīd أنا قضيت وقت سعيد
Lo pasamos muy bien.	ehna 'aḍḍeyna wa't saʿīd إحنا قضينا وقت سعيد
Fue genial.	kan bel feʿl rāʾeʿ كان بالفعل رائع
Le voy a echar de menos.	hatewwhaʃīny ح توحشني
Le vamos a echar de menos.	hatewwhaʃna ح توحشنا

¡Suerte!	ḥazz saʿīd! حظ سعيد!
Saludos a ...	taḥīāty le... تمياتي لـ....

Idioma extranjero

No entiendo.	ana meʃ fāhem
	أنا مش فاهم
Escríbalo, por favor.	ektebha laww samaḥt
	إكتبها لو سمحت
¿Habla usted ...?	enta betettkalem ...?
	انت بتتكلم ...؟

Hablo un poco de ...	ana battkallem ʃewaya ...
	أنا بأتكلم شوية ...
inglés	engilīzy
	أنجليزي
turco	torky
	تركي
árabe	'araby
	عربي
francés	faransāwy
	فرنساوي

alemán	almāny
	ألماني
italiano	iṭāly
	إيطالي
español	asbāny
	أسباني
portugués	bortoyāly
	برتغالي
chino	ṣīny
	صيني
japonés	yabāny
	ياباني

¿Puede repetirlo, por favor?	momken teīd el kalām men faḍlak?
	ممكن تعيد الكلام من فضلك؟
Lo entiendo.	ana fāhem
	انا فاهم
No entiendo.	ana meʃ fāhem
	انا مش فاهم
Hable más despacio, por favor.	momken tetkallem abṭaʾ laww samaḥt?
	ممكن تتكلم ابطأ لو سمحت؟

¿Está bien?	keda ṣaḥḥ?
	كدة صح؟
¿Qué es esto? (¿Que significa esto?)	eh da?
	إيه دة؟

Disculpas

Perdone, por favor.	ba'd ezznak, laww samaḥt بعد إذنك، لو سمحت
Lo siento.	ana 'āṣṣif أنا آسف
Lo siento mucho.	ana 'āṣṣif beggad أنا آسف بجد
Perdón, fue culpa mía.	ana 'āṣṣif, di ɣalṭeti أنا آسف، دي غلطتي
Culpa mía.	ɣalṭety غلطتي

¿Puedo ...?	momken ...? ممكن ...؟
¿Le molesta si ...?	teḍḍāyi' laww ...? تتضايق لو ...؟
¡No hay problema! (No pasa nada.)	mafīʃ moʃkela ما فيش مشكلة
Todo está bien.	kollo tamām كله تمام
No se preocupe.	mate'la'ʃ ما تقلقش

Acuerdos

Sí.	aywā أيوة
Sí, claro.	aywa, akīd ايوة، أكيد
Bien.	tamām تمام
Muy bien.	kowayīs geddan كويس جدا
¡Claro que sí!	bekol ta'kīd! بكل تأكيد!
Estoy de acuerdo.	mewāfe' موافق

Es verdad.	da ṣaḥīḥ دة صحيح
Es correcto.	da ṣaḥḥ دة صح
Tiene razón.	kalāmak ṣaḥḥ كلامك صح
No me molesta.	ma'andīʃ māne' ما عنديش مانع
Es completamente cierto.	ṣaḥḥ tamāman صح تماماً

Es posible.	momken ممكن
Es una buena idea.	di fekra kewayīsa دي فكرة كويسة
No puedo decir que no.	ma'darʃ a'ūl la' ما أقدرش أقول لأ
Estaré encantado /encantada/.	bekol sorūr حكون سعيد
Será un placer.	bekol sorūr بكل سرور

Rechazo. Expresar duda

No.	la'a
	لأ
Claro que no.	akīd la'
	أكيد لأ
No estoy de acuerdo.	meʃ mewāfe'
	مش موافق
No lo creo.	ma 'azzonneʃ keda
	ما أظنش كدة
No es verdad.	da meʃ ṣaḥīḥ
	دة مش صحيح

No tiene razón.	enta ɣalṭān
	إنت غلطان
Creo que no tiene razón.	azonn ennak ɣalṭān
	أظن إنك غلطان
No estoy seguro /segura/.	meʃ akīd
	مش أكيد
No es posible.	da mos-taḥīl
	دة مستحيل
¡Nada de eso!	mafīʃ ḥāga keda!
	ما فيش حاجة كدة!

Justo lo contrario.	el 'akss tamāman
	العكس تماما
Estoy en contra de ello.	ana ḍedd da
	أنا ضد دة
No me importa. (Me da igual.)	ma yehemmenīʃ
	ما يهمنيش
No tengo ni idea.	ma'andīʃ fekra
	ما عنديش فكرة
Dudo que sea así.	aʃokk fe ḍa
	أشك في دة

Lo siento, no puedo.	'āssef ma 'qdarʃ
	آسف، ما أقدرش
Lo siento, no quiero.	'āssef meʃ 'ayez
	آسف، مش عايز
Gracias, pero no lo necesito.	ʃokran, bass ana meʃ meḥtāg loh
	شكرا، بس أنا مش محتاج له
Ya es tarde.	el waqt mett'aχar
	الوقت متأخر

Tengo que levantarme temprano. lāzem aṣṣ-ḥa badry
لازم أصحى بدري

Me encuentro mal. ana ta'bān
أنا تعبان

Expresar gratitud

Gracias.	ʃokran شكراً
Muchas gracias.	ʃokran gazīlan شكراً جزيلاً
De verdad lo aprecio.	ana haʼiʼi meʼaddar da أنا حقيقي مقدر دة
Se lo agradezco.	ana mommtann līk geddan أنا ممتن لك جداً
Se lo agradecemos.	ehna mommtannīn līk geddan إحنا ممتنين لك جداً

Gracias por su tiempo.	ʃokran ʻla waʼtak شكراً على وقتك
Gracias por todo.	ʃokran ʻla koll ʃeyʼ شكراً على كل شيء
Gracias por …	ʃokran ʻla … شكراً على ...
su ayuda	mosaʻdetak مساعدتك
tan agradable momento	el waqt الوقت اللطيف

una comida estupenda	wagba rāʼeʻa وجبة رائعة
una velada tan agradable	amsiya mummteʼa أمسية ممتعة
un día maravilloso	yome rāʼeʻ يوم رائع
un viaje increíble	rehla mod-heʃa رحلة مدهشة

No hay de qué.	lā ʃokr ʻla wāgeb لا شكر على واجب
De nada.	ɔl ʻafw العفو
Siempre a su disposición.	ayī waqt أي وقت
Encantado /Encantada/ de ayudarle.	bekol sorūr بكل سرور
No hay de qué.	ennsa إنسى
No tiene importancia.	mateʼlaʼʃ ما تقلقش

Felicitaciones , Mejores Deseos

¡Felicidades!	ohanník! أهنيك!
¡Feliz Cumpleaños!	ʿīd milād saʿīd! عيد ميلاد سعيد!
¡Feliz Navidad!	ʿīd milād saʿīd! عيد ميلاد سعيد!
¡Feliz Año Nuevo!	sana gedīda saʿīda! سنة جديدة سعيدة!

¡Felices Pascuas!	ʃamm nessīm saʿīd! شم نسيم سعيد!
¡Feliz Hanukkah!	hanūka saʿīda! هانوكا سعيدة!

Quiero brindar.	aḥebb aqtareḥ neʃrab naxab أحب أقترح نشرب نخب
¡Salud!	fi seḥḥettak في صحتك
¡Brindemos por …!	yalla neʃrab fe …! يالا نشرب في …!
¡A nuestro éxito!	nagāḥna نجاحنا
¡A su éxito!	nagāḥak نجاحك

¡Suerte!	ḥazz saʿīd! حظ سعيد!
¡Que tenga un buen día!	nahārak saʿīd! نهارك سعيد!
¡Que tenga unas buenas vacaciones!	agāza ṭayeba! أجازة طيبة!
¡Que tenga un buen viaje!	trūḥ bel salāma! تروح بالسلامة!
¡Espero que se recupere pronto!	atmanna ennak tataʿāfa besorʿa! أتمنى إنك تتعافى بسرعة!

Socializarse

¿Por qué está triste?	enta leyh za'lān? إنت ليه زعلان؟
¡Sonría! ¡Anímese!	ebbtassem! farrfeʃ! إبتسم! فرفش!
¿Está libre esta noche?	enta fādy el leyla di? إنت فاضي الليلة دي؟

¿Puedo ofrecerle algo de beber?	momken a'zemak 'la maʃrūb? ممكن أعزمك على مشروب؟
¿Querría bailar conmigo?	teḥebb torr'oṣṣ? تحب ترقص؟
Vamos a ir al cine.	yalla nerūḥ el sinema ياللا نروح السينما

¿Puedo invitarle a ...?	momken a'zemak 'la ...? ممكن أعزمك على ...؟
un restaurante	matt'am مطعم
el cine	el sinema السينما
el teatro	el masraḥ المسرح
dar una vuelta	tamʃeya تمشية

¿A qué hora?	fi ayī sā'a? في أي ساعة؟
esta noche	el leyla di الليلة دي
a las seis	el sā'a setta الساعة ستة
a las siete	el sā'a sab'a الساعة سبعة
a las ocho	el sā'a tamanya الساعة تمانية
a las nueve	el sā'a tess'a الساعة تسعة

¿Le gusta este lugar?	ya tara 'agbak el makān? يا ترى عاجبك المكان؟
¿Está aquí con alguien?	enta hena ma' ḥadd? إنت هنا مع حد؟
Estoy con mi amigo /amiga/.	ana ma' ṣadīq أنا مع صديق

Estoy con amigos.	ana ma' aṣṣdiqā'
	أنا مع أصدقاء
No, estoy solo /sola/.	lā, ana waḥḥdy
	لا، أنا وحدي

¿Tienes novio?	hal 'andak ṣadīq?
	هل عندك صديق؟
Tengo novio.	ana 'andy ṣadīq
	أنا عندي صديق
¿Tienes novia?	hal 'andak ṣadīqa?
	هل عندك صديقة؟
Tengo novia.	ana 'andy ṣadīqa
	أنا عندي صديقة

¿Te puedo volver a ver?	a'dar aʃūfak tāny?
	أقدر أشوفك تاني؟
¿Te puedo llamar?	a'dar atteṣel bīk?
	أقدر أتصل بك؟
Llámame.	ettaṣṣel bī
	إتصل بي
¿Cuál es tu número?	eh raqamek?
	إيه رقمك؟
Te echo de menos.	waḥaʃtīny
	وحشتني

¡Qué nombre tan bonito!	essmek gamīl
	إسمك جميل
Te quiero.	oḥebbek
	أحبك
¿Te casarías conmigo?	tettgawwezīny?
	تتجوزيني؟
¡Está de broma!	enta bett-hazzar!
	إنت بتهزر!
Sólo estoy bromeando.	ana bahazzar bas
	أنا باهزر بس

¿En serio?	enta bettettkallem gad?
	إنت بتتكلم جد؟
Lo digo en serio.	ana ĝād
	أنا جاد
¿De verdad?	ṣaḥīḥ?
	صحيح؟
¡Es increíble!	meʃ ma'°ūl!
	مش معقول!
No le creo.	ana meʃ meṣṣad'āk
	أنا مش مصدقاك
No puedo.	ma'darʃ
	ما أقدرش
No lo sé.	ma'rafʃ
	ما أعرفش
No le entiendo.	meʃ fahmāk
	مش فاهماك

Váyase, por favor.	men fadlak temʃy
	من فضلك تمشي
¡Déjeme en paz!	sebbny lewaḥḥdy!
	سيبني لوحدي!
Es inaguantable.	ana lā aṭīqo
	أنا لا أطيقه
¡Es un asqueroso!	enta mo'reff
	إنت مقرف
¡Llamaré a la policía!	haṭṭlob el forta
	ح أطلب الشرطة

Compartir impresiones. Emociones

Me gusta.	ye'gebny
	يعجبني
Muy lindo.	laṭīf geddan
	لطيف جدا
¡Es genial!	da rā'e'
	دة رائع
No está mal.	da meʃ saye'
	دة مش سيء

No me gusta.	meʃ 'agebny
	مش عاجبني
No está bien.	meʃ kowayīs
	مش كويس
Está mal.	da saye'
	دة سيء
Está muy mal.	da saye' geddan
	دة سيء جدا
¡Qué asco!	da mo'rreff
	دة مقرف

Estoy feliz.	ana saʿīd
	أنا سعيد
Estoy contento /contenta/.	ana maḥsūṭ
	أنا مبسوط
Estoy enamorado /enamorada/.	ana baḥebb
	أنا باحب
Estoy tranquilo.	ana hādy
	أنا هادي
Estoy aburrido.	ana zah'ān
	أنا زهقان

Estoy cansado /cansada/.	ana ta'bān
	أنا تعبان
Estoy triste.	ana ḥazīn
	أنا حزين
Estoy asustado.	ana χāyef
	أنا خايف
Estoy enfadado /enfadada/.	ana ɣadbān
	أنا غضبان

Estoy preocupado /preocupada/.	ana qalqān
	أنا قلقان
Estoy nervioso /nerviosa/.	ana mutawwatter
	أنا متوتر

Estoy celoso /celosa/.	ana γayrān
	أنا غيران
Estoy sorprendido /sorprendida/.	ana mutafāge'
	أنا متفاجئ
Estoy perplejo /perpleja/.	ana morrtabek
	أنا مرتبك

Problemas, Accidentes

Tengo un problema.	ana ʿandy moʃkela
	أنا عندي مشكلة
Tenemos un problema.	ehna ʿandena moʃkela
	إحنا عندنا مشكلة
Estoy perdido /perdida/.	ana tāӡeh
	أنا تايه
Perdi el último autobús (tren).	fātny ʾāaӽer otobiis
	فاتني آخر أوتوبيس
No me queda más dinero.	meʃ fāḍel maʿaya flūss
	مش فاضل معايا فلوس

He perdido …	ḍāʿ menny … betāʿy
	ضاع مني ... بتاعي
Me han robado …	ḥadd saraʾ … betāʿy
	حد سرق ... بتاعي
mi pasaporte	bassbore
	باسبور
mi cartera	maḥfaza
	محفظة
mis papeles	awwarāʾ
	أوراق
mi billete	tazzkara
	تذكرة

mi dinero	folūss
	فلوس
mi bolso	ʃannṭa
	شنطة
mi cámara	kamera
	كاميرا
mi portátil	lab tob
	لاب توب
mi tableta	tablet
	تابلت
mi teléfono	telefon maḥmūl
	تليفون محمول

¡Ayúdeme!	sāʿdny!
	ساعدني!
¿Qué pasó?	eh elly ḥaṣal?
	إيه إللي حصل؟
el incendio	harīqa
	حريقة

un tiroteo	ḍarrb nār ضرب نار
el asesinato	qattl قتل
una explosión	ennfegār إنفجار
una pelea	ẋenāʾa خناقة

¡Llame a la policía!	ettaṣel bel ʃorṭa! اتصل بالشرطة!
¡Más rápido, por favor!	besorʿa men faḍlak! بسرعة من فضلك!
Busco la comisaría.	baddawwar ʿla qessm el ʃorṭa بادور على قسم الشرطة
Tengo que hacer una llamada.	mehtāg aʿmel mokalma telefoneya محتاج أعمل مكالمة تليفونية
¿Puedo usar su teléfono?	momken asstaẋdem telefonak? ممكن أستخدم تليفونك؟

Me han ...	ana kont ... أنا كنت ...
asaltado /asaltada/	ettnaʃalt اتنشلت
robado /robada/	ettsaraqt اتسرقت
violada	oẋtiṣabt اغتصبت
atacado /atacada/	taʿarraḍt le eʿtedāʾ تعرضت لإعتداء

¿Se encuentra bien?	enta beẋeyr? إنت بخير؟
¿Ha visto quien a sido?	ya tara ʃoft meyn? يا ترى شفت مين؟
¿Sería capaz de reconocer a la persona?	teʾddar tettʿarraf ʿla el ʃaẋṣ da? تقدر تتعرف على الشخص دة؟
¿Está usted seguro?	enta mutaʾkked? إنت متأكد؟

Por favor, cálmese.	argūk ehḍa أرجوك إهدا
¡Cálmese!	hawwen ʿaleyk! هون عليك!
¡No se preocupe!	mateʾlaʾʃ! ما تقلقش!
Todo irá bien.	kol ʃeyʾ ḥaykūn tamām كل شيء ح يكون تمام
Todo está bien.	kol ʃeyʾ tamām كل شيء تمام
Venga aquí, por favor.	taʿāla hena laww samaḥt تعالى هنا لو سمحت

Tengo unas preguntas para usted.

'andy līk as'ela
عندي لك أسئلة

Espere un momento, por favor.

esstanna laḥza men faḍlak
إستنى لحظة من فضلك

¿Tiene un documento de identidad?

'andak raqam qawwmy
عندك رقم قومي

Gracias. Puede irse ahora.

ʃokran. momken temʃy dellwa'ty
شكراً. ممكن تمشي دلوقتي

¡Manos detrás de la cabeza!

eydeyk wara rāsak!
إيديك ورا راسك!

¡Está arrestado!

enta maqbūḍ 'aleyk!
إنت مقبوض عليك!

Problemas de salud

Ayudeme, por favor.	argūk sā'dny أرجوك ساعدني
No me encuentro bien.	ana ta'bān أنا تعبان
Mi marido no se encuentra bien.	gouzy ta'bān جوزي تعبان
Mi hijo ...	ebny ... ... إبني
Mi padre ...	waldy ... ... والدي
Mi mujer no se encuentra bien.	merāty ta'bāna مراتي تعابة
Mi hija ...	bennty ... ... بنتي
Mi madre ...	waldety ... ... والدتي
Me duele ...	ana 'andy ... ... أنا عندي
la cabeza	sodā' صداع
la garganta	ehtiqān fel zore إحتقان في الزور
el estómago	mayass مغص
un diente	alam asnān ألم أسنان
Estoy mareado.	ʃā'er be dawār شاعر بدوار
Él tiene fiebre.	'andak homma عنده حمي
Ella tiene fiebre.	'andaha homma عندها حمي
No puedo respirar.	meʃ 'āder attnaffess مش قادر أتنفس
Me ahogo.	meʃ 'āder attnaffess مش قادر أتنفس
Tengo asma.	ana 'andy azzma أنا عندي أزمة
Tengo diabetes.	ana 'andy el sokkar أنا عندي السكر

No puedo dormir.

meʃ ʾāder anām
مش قادر أنام

intoxicación alimentaria

tassammom ɣezāʾy
تسمم غذائي

Me duele aquí.

betewwgaʿ hena
بتوجع هنا

¡Ayúdeme!

sāʿedny!
ساعدني!

¡Estoy aquí!

ana ḥena!
أنا هنا!

¡Estamos aquí!

eḥna hena!
إحنا هنا!

¡Saquenme de aquí!

ɣarragūny men hena
خرجوني من هنا

Necesito un médico.

ana meḥtāg ṭabīb
أنا محتاج طبيب

No me puedo mover.

meʃ ʾāder at-ḥarrak
مش قادر أتحرك

No puedo mover mis piernas.

meʃ ʾāder aḥarrak reglaya
مش قادر أحرك رجلية

Tengo una herida.

ʿandy garrḥḥ
عندي جرح

¿Es grave?

da beggad?
دة بجد؟

Mis documentos están en mi bolsillo.

awwrāʾy fi geyby
أوراقي في جيبي

¡Cálmese!

ehhdaʾ!
إهدا!

¿Puedo usar su teléfono?

momken asstaɣdem telefonak?
ممكن أستخدم تليفونك؟

¡Llame a una ambulancia!

oṭlob ʿarabeyet esʾāf!
أطلب عربية إسعاف!

¡Es urgente!

di ḥāla messtaʿgela!
دي حالة مستعجلة!

¡Es una emergencia!

di ḥāla ṭāreʾa!
دي حالة طارئة!

¡Más rápido, por favor!

besorʿa men faḍlak!
بسرعة من فضلك!

¿Puede llamar a un médico, por favor?

momken tekallem doktore men faḍlak?
ممكن تكلم دكتور من فضلك؟

¿Dónde está el hospital?

feyn el mostaʃfa?
فين المستشفى؟

¿Cómo se siente?

ḥāsses be eyh dellwaʾty
حاسس بإيه دلوقتي؟

¿Se encuentra bien?

enta beɣeyr?
إنت بخير؟

¿Qué pasó?

eh elly ḥaṣal?
إيه إللي حصل؟

Me encuentro mejor.

ana ḥāsseṣ eny aḥssan dellwa'ty

أنا حاسس إني أحسن دلوقتي

Está bien.

tamām

تمام

Todo está bien.

kollo tamām

كله تمام

En la farmacia

la farmacia	ṣaydaliya
	صيدلية
la farmacia 24 horas	ṣaydaliya arb'a we 'eʃrīn sā'a
	صيدلية 24 ساعة
¿Dónde está la farmacia más cercana?	feyn aqrab ṣaydaliya?
	فين أقرب صيدلية؟

¿Está abierta ahora?	hiya fat-ḥa dellwa'ty?
	هي فاتحة دلوقتي؟
¿A qué hora abre?	betefftaḥ emta?
	بتفتح إمتى؟
¿A qué hora cierra?	bete'ffel emta?
	بتقفل إمتى؟

¿Está lejos?	hiya be'eyda?
	هي بعيدة؟
¿Puedo llegar a pie?	momken awṣal henāk māʃy?
	ممكن أوصل هناك ماشي؟
¿Puede mostrarme en el mapa?	momken tewarrīny 'lal xarīṭa?
	ممكن توريني على الخريطة؟

Por favor, deme algo para …	men faḍlak eddīny ḥāga le…
	من فضلك إديني حاجة لـ...
un dolor de cabeza	el sodā'
	الصداع
la tos	el kohḥa
	الكحة
el resfriado	el bard
	البرد
la gripe	influenza
	الأنفلوانزا

la fiebre	el ḥumma
	الحمى
un dolor de estomago	el maɣaṣṣ
	المغص
nauseas	el ɣasayān
	الغثيان
la diarrea	el es-hāl
	الإسهال
el estreñimiento	el emsāk
	الإمساك
un dolor de espalda	alam fel ẓahr
	ألم في الظهر

un dolor de pecho	alam fel ṣadr ألم في الصدر
el flato	yorrza ganebiya غرزة جانبية
un dolor abdominal	alam fel baṭṭn ألم في البطن

la píldora	ḥabba حبة
la crema	marham, krīm مرهم، كريم
el jarabe	ʃarāb شراب
el spray	baҳāҳ بخاخ
las gotas	noqaṭṭ نقط

Tiene que ir al hospital.	enta meḥtāg terūḥ انت محتاج تروح المستشفى
el seguro de salud	ta'mīn ṣeḥḥy تأمين صحي
la receta	roʃetta روشتة
el repelente de insectos	ṭāred lel ḥaʃarāt طارد للحشرات
la curita	blastar بلاستر

Lo más imprescindible

Perdone, …	ba'd ezznak, … بعد إذنك، …
Hola.	ahlan أهلا
Gracias.	ʃokran شكراً

Sí.	aywā أيوة
No.	la'a لأ
No lo sé.	ma'raʃʃ ما أعرفش
¿Dónde? | ¿A dónde? | ¿Cuándo?	feyn? | lefeyn? | emta? فين؟ | لفين؟ | إمتى؟

Necesito …	meḥtāg … محتاج …
Quiero …	'āyez … عايز …
¿Tiene …?	ya tara 'andak …? يا ترى عندك... ؟
¿Hay … por aquí?	feyh hena …? فيه هنا ...؟
¿Puedo …?	momken …? ممكن ...؟
…, por favor? (petición educada)	… men faḍlak ... من فضلك

Busco …	ana badawwar 'la … أنا بادور على ...
el servicio	ḥammām حمام
un cajero automático	makīnet ṣarraf 'āaly ماكينة صراف آلي
una farmacia	ṣaydaliya صيدلية
el hospital	mostaʃfa مستشفى

la comisaría	'essm el ʃorṭa قسم شرطة
el metro	metro el anfā' مترو الأنفاق

un taxi	taksi تاكسي
la estación de tren	mahattet el ʾattr محطة القطر
Me llamo …	essmy … إسمي...
¿Cómo se llama?	essmak eyh? اسمك إيه؟
¿Puede ayudarme, por favor?	teʾddar tesāʿdny? تقدر تساعدني؟
Tengo un problema.	ana ʿandy moʃkela أنا عندي مشكلة
Me encuentro mal.	ana taʿbān أنا تعبان
¡Llame a una ambulancia!	otlob ʿarabeyet esʿāf! أطلب عربية إسعاف!
¿Puedo llamar, por favor?	momken aʿmel mokalma telefoniya? ممكن أعمل مكالمة تليفونية؟
Lo siento.	ana ʾāssif أنا آسف
De nada.	el ʿafw العفو
Yo	ana أنا
tú	enta أنت
él	howwa هو
ella	hiya هي
ellos	homm هم
ellas	homm هم
nosotros /nosotras/	ehna احنا
ustedes, vosotros	entom انتم
usted	haddretak حضرتك
ENTRADA	doχūl دخول
SALIDA	χorūg خروج
FUERA DE SERVICIO	ʿattlān عطلان
CERRADO	moγlaq مغلق

ABIERTO

maftūḥ
مفتوح

PARA SEÑORAS

lel sayedāt
للسيدات

PARA CABALLEROS

lel regāl
للرجال

T&P BOOKS

VOCABULARIO TEMÁTICO

Esta sección contiene más
de 3.000 de las palabras más
importantes. El diccionario
le proporcionará una ayuda
inestimable mientras viaja al
extranjero, porque las palabras
individuales son a menudo
suficientes para que
le entiendan.
El diccionario incluye una
transcripción adecuada
de cada palabra extranjera

T&P Books Publishing

CONTENIDO
DEL DICCIONARIO

T&P Books Publishing

T&P BOOKS

CONCEPTOS BÁSICOS

T&P Books Publishing

1. Los pronombres

yo	ana	أنا
tú (masc.)	anta	أنت
tú (fem.)	anti	أنت
él	huwa	هو
ella	hiya	هي
nosotros, -as	naḥnu	نحن
vosotros, -as	antum	أنتم
ellos, ellas	hum	هم

2. Saludos. Salutaciones

¡Hola! (form.)	as salāmu 'alaykum!	السلام عليكم!
¡Buenos días!	ṣabāḥ al ҳayr!	صباح الخير!
¡Buenas tardes!	nahārak saʿīd!	نهارك سعيد!
¡Buenas noches!	masā' al ҳayr!	مساء الخير!
decir hola	sallam	سلّم
¡Hola! (a un amigo)	salām!	سلام!
saludo (m)	salām (m)	سلام
saludar (vt)	sallam 'ala	سلّم على
¿Cómo estás?	kayfa ḥāluka?	كيف حالك؟
¿Qué hay de nuevo?	ma aҳbārak?	ما أخبارك؟
¡Chau! ¡Adiós!	maʿ as salāma!	مع السلامة!
¡Hasta pronto!	ilal liqā'!	إلى اللقاء!
¡Adiós!	maʿ as salāma!	مع السلامة!
despedirse (vr)	waddaʿ	ودّع
¡Hasta luego!	bay bay!	باي باي!
¡Gracias!	ʃukran!	شكرًا!
¡Muchas gracias!	ʃukran ӡazīlan!	شكرًا جزيلًا!
De nada	'afwan	عفوًا
No hay de qué	la ʃukr 'ala wāӡib	لا شكر على واجب
De nada	al 'afw	العفو
¡Disculpa!	'an iðnak!	عن أذنك!
¡Disculpe!	'afwan!	عفوًا!
disculpar (vt)	'aðar	عذر
disculparse (vr)	iʿtaðar	إعتذر
Mis disculpas	ana 'āsif	أنا آسف

¡Perdóneme!	la tu'āχiðni!	لا تؤاخذني!
perdonar (vt)	'afa	عفا
por favor	min faḍlak	من فضلك

¡No se le olvide!	la tansa!	لا تنس!
¡Ciertamente!	ṭab'an!	طبعًا!
¡Claro que no!	abadan!	أبدًا!
¡De acuerdo!	ittafaqna!	إتفقنا!
¡Basta!	kifāya!	كفاية!

3. Las preguntas

¿Quién?	man?	من؟
¿Qué?	mãða?	ماذا؟
¿Dónde?	ayna?	أين؟
¿Adónde?	ila ayna?	إلى أين؟
¿De dónde?	min ayna?	من أين؟
¿Cuándo?	mata?	متى؟
¿Para qué?	li mãða?	لماذا؟
¿Por qué?	li mãða?	لماذا؟

¿Por qué razón?	li mãða?	لماذا؟
¿Cómo?	kayfa?	كيف؟
¿Qué ...? (~ color)	ay?	أي؟
¿Cuál?	ay?	أي؟

¿A quién?	li man?	لمن؟
¿De quién? (~ hablan ...)	'amman?	عمّن؟
¿De qué?	'amma?	عمّا؟
¿Con quién?	ma' man?	مع من؟

| ¿Cuánto? | kam? | كم؟ |
| ¿De quién? (~ es este ...) | li man? | لمن؟ |

4. Las preposiciones

con ... (~ algn)	ma'	مع
sin ... (~ azúcar)	bi dūn	بدون
a ... (p.ej. voy a México)	ila	إلى
de ... (hablar ~)	'an	عن
antes de ...	qabl	قبل
delante de ...	amãm	أمام

debajo	taḥt	تحت
sobre ..., encima de ...	fawq	فوق
en, sobre (~ la mesa)	'ala	على
de (origen)	min	من
de (fabricado de)	min	من

| dentro de ... | ba'd | بعد |
| encima de ... | 'abr | عبر |

5. Las palabras útiles. Los adverbios. Unidad 1

¿Dónde?	ayna?	أين؟
aquí (adv)	huna	هنا
allí (adv)	hunāk	هناك

| en alguna parte | fi makānin ma | في مكان ما |
| en ninguna parte | la fi ay makān | لا في أي مكان |

| junto a ... | bi ʒānib | بجانب |
| junto a la ventana | bi ʒānib aʃ ʃubbāk | بجانب الشبّاك |

¿A dónde?	ila ayna?	إلى أين؟
aquí (venga ~)	huna	هنا
allí (vendré ~)	hunāk	هناك
de aquí (adv)	min huna	من هنا
de allí (adv)	min hunāk	من هناك

| cerca (no lejos) | qarīban | قريبًا |
| lejos (adv) | ba'īdan | بعيدًا |

cerca de ...	'ind	عند
al lado (de ...)	qarīban	قريبًا
no lejos (adv)	ɣayr ba'īd	غير بعيد

izquierdo (adj)	al yasār	اليسار
a la izquierda (situado ~)	'alaʃ ʃimāl	على الشمال
a la izquierda (girar ~)	ilaʃ ʃimāl	إلى الشمال

derecho (adj)	al yamīn	اليمين
a la derecha (situado ~)	'alal yamīn	على اليمين
a la derecha (girar)	llal yamīn	إلى اليمين

delante (yo voy ~)	min al amām	من الأمام
delantero (adj)	amāmiy	أمامي
adelante (movimiento)	ilal amām	إلى الأمام

detrás de ...	warā'	وراء
desde atrás	min al warā'	من الوراء
atrás (da un paso ~)	ilal warā'	إلى الوراء
centro (m), medio (m)	wasaṭ (m)	وسط
en medio (adv)	fil wasat	في الوسط

de lado (adv)	bi ʒānib	بجانب
en todas partes	fi kull makān	في كل مكان
alrededor (adv)	ḥawl	حول
de dentro (adv)	min ad dāχil	من الداخل

a alguna parte	ila ayy makān	إلى أيّ مكان
todo derecho (adv)	bi aqsar ṭarīq	بأقصر طريق
atrás (muévelo para ~)	ʾīyāban	إيابًا

| de alguna parte (adv) | min ayy makān | من أي مكان |
| no se sabe de dónde | min makānin ma | من مكان ما |

primero (adv)	awwalan	أوّلًا
segundo (adv)	θāniyan	ثانيًا
tercero (adv)	θāliθan	ثالثًا

de súbito (adv)	faʒʾa	فجأة
al principio (adv)	fil bidāya	في البداية
por primera vez	li ʾawwal marra	لأوّل مرّة
mucho tiempo antes ...	qabl ... bi mudda ṭawīla	قبل...بمدّة طويلة
de nuevo (adv)	min ʒadīd	من جديد
para siempre (adv)	ilal abad	إلى الأبد

jamás, nunca (adv)	abadan	أبدًا
de nuevo (adv)	min ʒadīd	من جديد
ahora (adv)	al ʾān	الآن
frecuentemente (adv)	kaθīran	كثيرًا
entonces (adv)	fi ðalika al waqt	في ذلك الوقت
urgentemente (adv)	ʾāʒilan	عاجلًا
usualmente (adv)	kal ʿāda	كالعادة

a propósito, ...	ʿala fikra ...	على فكرة...
es probable	min al mumkin	من الممكن
probablemente (adv)	laʿalla	لعلّ
tal vez	min al mumkin	من الممكن
además ...	bil iḍāfa ila ðalik ...	بالإضافة إلى...
por eso ...	li ðalik	لذلك
a pesar de ...	bir raɣm min ...	بالرغم من...
gracias a ...	bi faḍl ...	بفضل...

qué (pron)	allaði	الذي
que (conj)	anna	أنّ
algo (~ le ha pasado)	ʃayʾ (m)	شيء
algo (~ así)	ʃayʾ (m)	شيء
nada (f)	la ʃayʾ	لا شيء

quien	allaði	الذي
alguien (viene ~)	ahad	أحد
alguien (¿ha llamado ~?)	ahad	أحد

nadie	la ahad	لا أحد
a ninguna parte	la ila ay makān	لا إلى أي مكان
de nadie	la yaxuṣṣ ahad	لا يخص أحدًا
de alguien	li ahad	لأحد
tan, tanto (adv)	hakaða	هكذا
también (~ habla francés)	kaðalika	كذلك
también (p.ej. Yo ~)	ayḍan	أيضًا

6. Las palabras útiles. Los adverbios. Unidad 2

¿Por qué?	li māða?	لماذا؟
no se sabe porqué	li sababin ma	لسبب ما
porque ...	li'anna ...	لأنَ...
por cualquier razón (adv)	li amr mā	لأمر ما
y (p.ej. uno y medio)	wa	و
o (p.ej. té o café)	aw	أو
pero (p.ej. me gusta, ~)	lakin	لكن
para (p.ej. es para ti)	li	لـ
demasiado (adv)	kaθīran ʒiddan	كثير جدًا
sólo, solamente (adv)	faqaṭ	فقط
exactamente (adv)	biḍ ḍabṭ	بالضبط
unos ...,	naḥw	نحو
cerca de ... (~ 10 kg)		
aproximadamente	taqrīban	تقريبًا
aproximado (adj)	taqrībiy	تقريبي
casi (adv)	taqrīban	تقريبًا
resto (m)	al bāqi (m)	الباقي
cada (adj)	kull	كلَ
cualquier (adj)	ayy	أيَ
mucho (adv)	kaθīr	كثير
muchos (mucha gente)	kaθīr min an nās	كثير من الناس
todos	kull an nās	كل الناس
a cambio de ...	muqābil ...	مقابل...
en cambio (adv)	muqābil	مقابل
a mano (hecho ~)	bil yad	باليد
poco probable	hayhāt	هيهات
probablemente	la'alla	لعلَ
a propósito (adv)	qaṣdan	قصدا
por accidente (adv)	ṣudfa	صدفة
muy (adv)	ʒiddan	جدًا
por ejemplo (adv)	maθalan	مثلًا
entre (~ nosotros)	bayn	بين
entre (~ otras cosas)	hayn	بين
tanto (~ gente)	haðihi al kammiyya	هذه الكمية
especialmente (adv)	χāṣṣa	خاصّة

NÚMEROS. MISCELÁNEA

T&P Books Publishing

7. Números cardinales. Unidad 1

cero	ṣifr	صفر
uno	wāḥid	واحد
una	wāḥida	واحدة
dos	iθnān	إثنان
tres	θalāθa	ثلاثة
cuatro	arbaʿa	أربعة
cinco	χamsa	خمسة
seis	sitta	ستّة
siete	sabʿa	سبعة
ocho	θamāniya	ثمانية
nueve	tisʿa	تسعة
diez	ʿaʃara	عشرة
once	aḥad ʿaʃar	أحد عشر
doce	iθnā ʿaʃar	إثنا عشر
trece	θalāθat ʿaʃar	ثلاثة عشر
catorce	arbaʿat ʿaʃar	أربعة عشر
quince	χamsat ʿaʃar	خمسة عشر
dieciséis	sittat ʿaʃar	ستّة عشر
diecisiete	sabʿat ʿaʃar	سبعة عشر
dieciocho	θamāniyat ʿaʃar	ثمانية عشر
diecinueve	tisʿat ʿaʃar	تسعة عشر
veinte	ʿiʃrūn	عشرون
veintiuno	wāḥid wa ʿiʃrūn	واحد وعشرون
veintidós	iθnān wa ʿiʃrūn	إثنان وعشرون
veintitrés	θalāθa wa ʿiʃrūn	ثلاثة وعشرون
treinta	θalāθīn	ثلاثون
treinta y uno	wāḥid wa θalāθūn	واحد وثلاثون
treinta y dos	iθnān wa θalāθūn	إثنان وثلاثون
treinta y tres	θalāθa wa θalāθūn	ثلاثة وثلاثون
cuarenta	arbaʿūn	أربعون
cuarenta y uno	wāḥid wa arbaʿūn	واحد وأربعون
cuarenta y dos	iθnān wa arbaʿūn	إثنان وأربعون
cuarenta y tres	θalāθa wa arbaʿūn	ثلاثة وأربعون
cincuenta	χamsūn	خمسون
cincuenta y uno	wāḥid wa χamsūn	واحد وخمسون
cincuenta y dos	iθnān wa χamsūn	إثنان وخمسون
cincuenta y tres	θalāθa wa χamsūn	ثلاثة وخمسون

sesenta	sittūn	ستّون
sesenta y uno	wāḥid wa sittūn	واحد وستّون
sesenta y dos	iθnān wa sittūn	إثنان وستّون
sesenta y tres	θalāθa wa sittūn	ثلاثة وستّون
setenta	sabʿūn	سبعون
setenta y uno	wāḥid wa sabʿūn	واحد وسبعون
setenta y dos	iθnān wa sabʿūn	إثنان وسبعون
setenta y tres	θalāθa wa sabʿūn	ثلاثة وسبعون
ochenta	θamānūn	ثمانون
ochenta y uno	wāḥid wa θamānūn	واحد وثمانون
ochenta y dos	iθnān wa θamānūn	إثنان وثمانون
ochenta y tres	θalāθa wa θamānūn	ثلاثة وثمانون
noventa	tisʿūn	تسعون
noventa y uno	wāḥid wa tisʿūn	واحد وتسعون
noventa y dos	iθnān wa tisʿūn	إثنان وتسعون
noventa y tres	θalāθa wa tisʿūn	ثلاثة وتسعون

8. Números cardinales. Unidad 2

cien	miʾa	مائة
doscientos	miʾatān	مائتان
trescientos	θalāθumiʾa	ثلاثمائة
cuatrocientos	rubʿumiʾa	أربعمائة
quinientos	xamsumiʾa	خمسمائة
seiscientos	sittumiʾa	ستّمائة
setecientos	sabʿumiʾa	سبعمائة
ochocientos	θamānimiʾa	ثمانمائة
novecientos	tisʿumiʾa	تسعمائة
mil	alf	ألف
dos mil	alfān	ألفان
tres mil	θalāθat ʾālāf	ثلاثة آلاف
diez mil	ʿaʃarat ʾālāf	عشرة آلاف
cien mil	miʾat alf	مائة ألف
millón (m)	milyūn (m)	مليون
mil millones	milyār (m)	مليار

9. Números ordinales

primero (adj)	awwal	أوّل
segundo (adj)	θāni	ثان
tercero (adj)	θāliθ	ثالث
cuarto (adj)	rābiʿ	رابع
quinto (adj)	xāmis	خامس

sexto (adj)	sādis	سادس
séptimo (adj)	sābiʿ	سابع
octavo (adj)	θāmin	ثامن
noveno (adj)	tāsiʿ	تاسع
décimo (adj)	ʿāʃir	عاشر

T&P BOOKS

LOS COLORES.
LAS UNIDADES DE MEDIDA

T&P Books Publishing

color (m)	lawn (m)	لون
matiz (m)	daraʒat al lawn (m)	درجة اللون
tono (m)	ṣabγit lūn (f)	لون
arco (m) iris	qaws quzaḥ (m)	قوس قزح
blanco (adj)	abyaḍ	أبيض
negro (adj)	aswad	أسود
gris (adj)	ramādiy	رماديّ
verde (adj)	axḍar	أخضر
amarillo (adj)	aṣfar	أصفر
rojo (adj)	aḥmar	أحمر
azul (adj)	azraq	أزرق
azul claro (adj)	azraq fātiḥ	أزرق فاتح
rosa (adj)	wardiy	وردي
naranja (adj)	burtuqāliy	برتقاليّ
violeta (adj)	banafsaʒiy	بنفسجي
marrón (adj)	bunniy	بنّي
dorado (adj)	ðahabiy	ذهبيّ
argentado (adj)	fiḍḍiy	فضيّ
beige (adj)	bɛ:ʒ	بيج
crema (adj)	ʿāʒiy	عاجي
turquesa (adj)	fayrūziy	فيروزيّ
rojo cereza (adj)	karaziy	كرزيّ
lila (adj)	laylakiy	ليلكيّ
carmesí (adj)	qirmiziy	قرمزيّ
claro (adj)	fātiḥ	فاتح
oscuro (adj)	γāmiq	غامق
vivo (adj)	zāhi	زاه
de color (lápiz ~)	mulawwan	ملوّن
en colores (película ~)	mulawwan	ملوّن
blanco y negro (adj)	abyaḍ wa aswad	أبيض وأسود
unicolor (adj)	waḥīd al lawn, sāda	وحيد اللون, سادة
multicolor (adj)	mutaʿaddid al alwān	متعدّد الألوان

peso (m)	wazn (m)	وزن
longitud (f)	ṭūl (m)	طول

anchura (f)	'arḍ (m)	عرض
altura (f)	irtifā' (m)	إرتفاع
profundidad (f)	'umq (m)	عمق
volumen (m)	ḥaʒm (m)	حجم
área (f)	misāḥa (f)	مساحة

gramo (m)	grām (m)	جرام
miligramo (m)	milliɣrām (m)	مليغرام
kilogramo (m)	kiluɣrām (m)	كيلوغرام
tonelada (f)	ṭunn (m)	طن
libra (f)	raṭl (m)	رطل
onza (f)	ūnṣa (f)	أونصة

metro (m)	mitr (m)	متر
milímetro (m)	millimitr (m)	مليمتر
centímetro (m)	santimitr (m)	سنتيمتر
kilómetro (m)	kilumitr (m)	كيلومتر
milla (f)	mīl (m)	ميل

pulgada (f)	būṣa (f)	بوصة
pie (m)	qadam (f)	قدم
yarda (f)	yārda (f)	ياردة

metro (m) cuadrado	mitr murabba' (m)	متر مربّع
hectárea (f)	hiktār (m)	هكتار
litro (m)	litr (m)	لتر
grado (m)	daraʒa (f)	درجة
voltio (m)	vūlt (m)	فولت
amperio (m)	ambīr (m)	أمبير
caballo (m) de fuerza	ḥiṣān (m)	حصان

cantidad (f)	kammiyya (f)	كمّيّة
un poco de ...	qalīl ...	قليل...
mitad (f)	niṣf (m)	نصف
docena (f)	iθnā 'aʃar (f)	إثنا عشر
pieza (f)	waḥda (f)	وحدة

| dimensión (f) | ḥaʒm (m) | حجم |
| escala (f) (del mapa) | miqyās (m) | مقياس |

mínimo (adj)	al adna	الأدنى
el más pequeño (adj)	al aṣɣar	الأصغر
medio (adj)	mutawassiṭ	متوسّط
máximo (adj)	al aqṣa	الأقصى
el más grande (adj)	al akbar	الأكبر

12. Contenedores

| tarro (m) de vidrio | barṭamān (m) | برطمان |
| lata (f) | tanaka (f) | تنكة |

cubo (m)	ʒardal (m)	جردل
barril (m)	barmīl (m)	برميل
palangana (f)	ḥawḍ lil ɣasīl (m)	حوض للغسيل
tanque (m)	ҳazzān (m)	خزّان
petaca (f) (de alcohol)	zamzamiyya (f)	زمزميّة
bidón (m) de gasolina	ʒirikan (m)	جركن
cisterna (f)	ҳazzān (m)	خزّان
taza (f) (mug de cerámica)	māgg (m)	ماجّ
taza (f) (~ de café)	finʒān (m)	فنجان
platillo (m)	ṭabaq finʒān (m)	طبق فنجان
vaso (m) (~ de agua)	kubbāya (f)	كبّاية
copa (f) (~ de vino)	ka's (f)	كأس
olla (f)	kassirūlla (f)	كاسرولة
botella (f)	zuʒāʒa (f)	زجاجة
cuello (m) de botella	'unq (m)	عنق
garrafa (f)	dawraq zuʒāʒiy (m)	دورق زجاجيّ
jarro (m) (~ de agua)	ibrīq (m)	إبريق
recipiente (m)	inā' (m)	إناء
tarro (m)	aṣīṣ (m)	أصيص
florero (m)	vāza (f)	فازة
frasco (m) (~ de perfume)	zuʒāʒa (f)	زجاجة
frasquito (m)	zuʒāʒa (f)	زجاجة
tubo (m)	umbūba (f)	أنبوبة
saco (m) (~ de azúcar)	kīs (m)	كيس
bolsa (f) (~ plástica)	kīs (m)	كيس
paquete (m) (~ de cigarrillos)	'ulba (f)	علبة
caja (f)	'ulba (f)	علبة
cajón (m) (~ de madera)	ṣundū' (m)	صندوق
cesta (f)	salla (f)	سلّة

T&P BOOKS

LOS VERBOS
MÁS IMPORTANTES

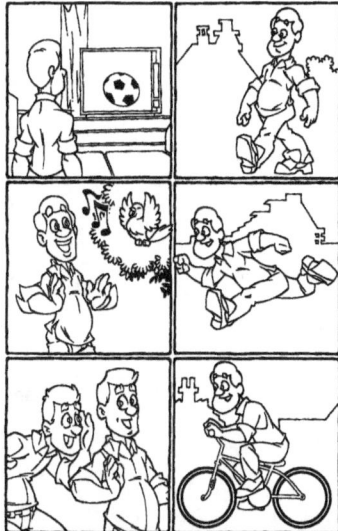

T&P Books Publishing

abrir (vt)	fataḥ	فتح
acabar, terminar (vt)	atamm	أتمّ
aconsejar (vt)	naṣaḥ	نصح
adivinar (vt)	χamman	خمّن
advertir (vt)	ḥaððar	حذّر
alabarse, jactarse (vr)	tabāha	تباهى
almorzar (vi)	taγadda	تغدّى
alquilar (~ una casa)	istaʾʒar	إستأجر
amenazar (vt)	haddad	هدّد
arrepentirse (vr)	nadim	ندم
ayudar (vt)	sāʿad	ساعد
bañarse (vr)	sabaḥ	سبح
bromear (vi)	mazaḥ	مزح
buscar (vt)	baḥaθ	بحث
caer (vi)	saqaṭ	سقط
callarse (vr)	sakat	سكت
cambiar (vt)	γayyar	غيّر
castigar, punir (vt)	ʿāqab	عاقب
cavar (vt)	ḥafar	حفر
cazar (vi, vt)	iṣṭād	إصطاد
cenar (vi)	taʿaʃʃa	تعشّى
cesar (vt)	tawaqqaf	توقّف
coger (vt)	amsak	أمسك
comenzar (vt)	badaʾ	بدأ
comparar (vt)	qāran	قارن
comprender (vt)	fahim	فهم
confiar (vt)	waθiq	وثق
confundir (vt)	iχtalaṭ	إختلط
conocer (~ a alguien)	ʿaraf	عرف
contar (vt) (enumerar)	ʿadd	عدّ
contar con ...	iʿtamad ʿala ...	إعتمد على...
continuar (vt)	istamarr	إستمرّ
controlar (vt)	taḥakkam	تحكّم
correr (vi)	ʒara	جرى
costar (vt)	kallaf	كلّف
crear (vt)	χalaq	خلق

14. Los verbos más importantes. Unidad 2

dar (vt)	aʻṭa	أعطى
dar una pista	aʻṭa talmīḥ	أعطى تلميحًا
decir (vt)	qāl	قال
decorar (para la fiesta)	zayyan	زيّن

defender (vt)	dāfaʻ	دافع
dejar caer	awqaʻ	أوقع
desayunar (vi)	afṭar	أفطر
descender (vi)	nazil	نزل

dirigir (administrar)	adār	أدار
disculparse (vr)	iʻtaðar	إعتذر
discutir (vt)	nāqaʃ	ناقش
dudar (vt)	ʃakk fi	شكّ في

encontrar (hallar)	waʒad	وجد
engañar (vi, vt)	xadaʻ	خدع
entrar (vi)	daxal	دخل
enviar (vt)	arsal	أرسل

equivocarse (vr)	axtaʼ	أخطأ
escoger (vt)	ixtār	إختار
esconder (vt)	xabaʼ	خبأ
escribir (vt)	katab	كتب
esperar (aguardar)	intazar	إنتظر

esperar (tener esperanza)	tamanna	تمنى
estar de acuerdo	ittafaq	إتفق
estudiar (vt)	daras	درس

exigir (vt)	ṭālib	طالب
existir (vi)	kān mawʒūd	كان موجودًا
explicar (vt)	ʃaraḥ	شرح
faltar (a las clases)	ɣāb	غاب
firmar (~ el contrato)	waqqaʻ	وقّع

girar (~ a la izquierda)	inʻaṭaf	إنعطف
gritar (vi)	ṣarax	صرخ
guardar (conservar)	ḥafaz	حفظ
gustar (vi)	aʻʒab	أعجب
hablar (vi, vt)	takallam	تكلّم

hacer (vt)	ʻamal	عمل
informar (vt)	axbar	أخبر
insistir (vi)	aṣarr	أصرّ
insultar (vt)	ahān	أهان

| interesarse (vr) | ihtamm | إهتمّ |
| invitar (vt) | daʻa | دعا |

ir (a pie)	maʃa	مشى
jugar (divertirse)	laʿib	لعب

15. Los verbos más importantes. Unidad 3

leer (vi, vt)	qara'	قرأ
liberar (ciudad, etc.)	ḥarrar	حرّر
llamar (por ayuda)	istaɣāθ	إستغاث
llegar (vi)	waṣal	وصل
llorar (vi)	baka	بكى
matar (vt)	qatal	قتل
mencionar (vt)	ðakar	ذكر
mostrar (vt)	ʿaraḍ	عرض
nadar (vi)	sabaḥ	سبح
negarse (vr)	rafaḍ	رفض
objetar (vt)	iʿtaraḍ	إعترض
observar (vt)	rāqab	راقب
oír (vt)	samiʿ	سمع
olvidar (vt)	nasiy	نسي
orar (vi)	ṣalla	صلّى
ordenar (mil.)	amar	أمر
pagar (vi, vt)	dafaʿ	دفع
pararse (vr)	waqaf	وقف
participar (vi)	iʃtarak	إشترك
pedir (ayuda, etc.)	ṭalab	طلب
pedir (en restaurante)	ṭalab	طلب
pensar (vi, vt)	ẓann	ظنّ
percibir (ver)	lāḥaẓ	لاحظ
perdonar (vt)	ʿafa	عفا
permitir (vt)	raxxaṣ	رخّص
pertenecer a …	xaṣṣ	خصّ
planear (vt)	xaṭṭat	خطّط
poder (v aux)	istaṭāʿ	إستطاع
poseer (vi)	malak	ملك
preferir (vt)	faḍḍal	فضّل
preguntar (vt)	sa'al	سأل
preparar (la cena)	ḥaḍḍar	حضّر
prever (vt)	tanabba'	تنبّأ
probar, tentar (vt)	ḥāwal	حاول
prometer (vt)	waʿad	وعد
pronunciar (vt)	naṭaq	نطق
proponer (vt)	iqtaraḥ	إقترح
quebrar (vt)	kasar	كسر

quejarse (vr)	ʃaka	شكا
querer (amar)	aḥabb	أحبّ
querer (desear)	arād	أراد

16. Los verbos más importantes. Unidad 4

recomendar (vt)	naṣaḥ	نصح
regañar, reprender (vt)	wabbaχ	وبّخ
reírse (vr)	ḍaḥik	ضحك
repetir (vt)	karrar	كرّر
reservar (~ una mesa)	ḥaʒaz	حجز
responder (vi, vt)	aʒāb	أجاب

robar (vt)	saraq	سرق
saber (~ algo mas)	ʿaraf	عرف
salir (vi)	χaraʒ	خرج
salvar (vt)	anqað	أنقذ
seguir ...	tabaʿ	تبع
sentarse (vr)	ʒalas	جلس

ser necesario	kān maṭlūb	كان مطلوبا
ser, estar (vi)	kān	كان
significar (vt)	ʿana	عنى
sonreír (vi)	ibtasam	إبتسم
sorprenderse (vr)	indahaʃ	إندهش

subestimar (vt)	istaχaff	إستخفّ
tener (vt)	malak	ملك
tener hambre	arād an ya'kul	أراد أن يأكل
tener miedo	χāf	خاف

tener prisa	istaʒal	إستعجل
tener sed	arād an yaʃrab	أراد أن يشرب
tirar, disparar (vi)	aṭlaq an nār	أطلق النار
tocar (con las manos)	lamas	لمس
tomar (vt)	aχað	أخذ
tomar nota	katab	كتب

trabajar (vi)	ʿamal	عمل
traducir (vt)	tarʒam	ترجم
unir (vt)	waḥḥad	وحّد
vender (vt)	bāʿ	باع
ver (vt)	ra'a	رأى
volar (pájaro, avión)	ṭār	طار

T&P BOOKS

LA HORA. EL CALENDARIO

T&P Books Publishing

17. Los días de la semana

lunes (m)	yawm al iθnayn (m)	يوم الإثنين
martes (m)	yawm aθ θulāθā' (m)	يوم الثلاثاء
miércoles (m)	yawm al arbi'ā' (m)	يوم الأربعاء
jueves (m)	yawm al χamīs (m)	يوم الخميس
viernes (m)	yawm al ʒum'a (m)	يوم الجمعة
sábado (m)	yawm as sabt (m)	يوم السبت
domingo (m)	yawm al aḥad (m)	يوم الأحد
hoy (adv)	al yawm	اليوم
mañana (adv)	ɣadan	غدًا
pasado mañana	ba'd ɣad	بعد غد
ayer (adv)	ams	أمس
anteayer (adv)	awwal ams	أوّل أمس
día (m)	yawm (m)	يوم
día (m) de trabajo	yawm 'amal (m)	يوم عمل
día (m) de fiesta	yawm al 'uṭla ar rasmiyya (m)	يوم العطلة الرسمية
día (m) de descanso	yawm 'uṭla (m)	يوم عطلة
fin (m) de semana	ayyām al 'uṭla (pl)	أيام العطلة
todo el día	ṭūl al yawm	طول اليوم
al día siguiente	fil yawm at tāli	في اليوم التالي
dos días atrás	min yawmayn	قبل يومين
en vísperas (adv)	fil yawm as sābiq	في اليوم السابق
diario (adj)	yawmiy	يومي
cada día (adv)	yawmiyyan	يوميًا
semana (f)	usbū' (m)	أسبوع
semana (f) pasada	fil isbū' al māḍi	في الأسبوع الماضي
semana (f) que viene	fil isbū' al qādim	في الأسبوع القادم
semanal (adj)	usbū'iy	أسبوعيّ
cada semana (adv)	usbū'iyyan	أسبوعيًا
2 veces por semana	marratayn fil usbū'	مرّتين في الأسبوع
todos los martes	kull yawm aθ θulaθā'	كل يوم الثلاثاء

18. Las horas. El día y la noche

mañana (f)	ṣabāḥ (m)	صباح
por la mañana	fiṣ ṣabāḥ	في الصباح
mediodía (m)	ẓuhr (m)	ظهر
por la tarde	ba'd aẓ ẓuhr	بعد الظهر

noche (f)	masā' (m)	مساء
por la noche	fil masā'	في المساء
noche (f) (p.ej. 2:00 a.m.)	layl (m)	ليل
por la noche	bil layl	بالليل
medianoche (f)	muntaṣif al layl (m)	منتصف الليل
segundo (m)	θāniya (f)	ثانية
minuto (m)	daqīqa (f)	دقيقة
hora (f)	sā'a (f)	ساعة
media hora (f)	niṣf sā'a (m)	نصف ساعة
cuarto (m) de hora	rub' sā'a (f)	ربع ساعة
quince minutos	xamsat 'aʃar daqīqa	خمس عشرة دقيقة
veinticuatro horas	yawm kāmil (m)	يوم كامل
salida (f) del sol	ʃurūq aʃ ʃams (m)	شروق الشمس
amanecer (m)	faӡr (m)	فجر
madrugada (f)	ṣabāḥ bākir (m)	صباح باكر
puesta (f) del sol	ɣurūb aʃ ʃams (m)	غروب الشمس
de madrugada	fis ṣabāḥ al bākir	في الصباح الباكر
esta mañana	al yawm fiṣ ṣabāḥ	اليوم في الصباح
mañana por la mañana	ɣadan fiṣ ṣabāḥ	غدًا في الصباح
esta tarde	al yawm ba'd aẓ ẓuhr	اليوم بعد الظهر
por la tarde	ba'd aẓ ẓuhr	بعد الظهر
mañana por la tarde	ɣadan ba'd aẓ ẓuhr	غدًا بعد الظهر
esta noche (p.ej. 8:00 p.m.)	al yawm fil masā'	اليوم في المساء
mañana por la noche	ɣadan fil masā'	غدًا في المساء
a las tres en punto	fis sā'a aθ θāliθa tamāman	في الساعة الثالثة تماما
a eso de las cuatro	fis sā'a ar rābi'a taqrīban	في الساعة الرابعة تقريبا
para las doce	ḥattas sā'a aθ θāniya 'aʃara	حتى الساعة الثانية عشرة
dentro de veinte minutos	ba'd 'iʃrīn daqīqa	بعد عشرين دقيقة
dentro de una hora	ba'd sā'a	بعد ساعة
a tiempo (adv)	fi maw'idih	في موعده
… menos cuarto	illa rub'	إلا ربع
durante una hora	ṭiwāl sā'a	طوال الساعة
cada quince minutos	kull rub' sā'a	كل ربع ساعة
día y noche	layl nahār	ليل نهار

19. Los meses. Las estaciones

enero (m)	yanāyir (m)	يناير
febrero (m)	fibrāyir (m)	فبراير
marzo (m)	māris (m)	مارس
abril (m)	abrīl (m)	أبريل

| mayo (m) | māyu (m) | مايو |
| junio (m) | yūnyu (m) | يونيو |

julio (m)	yūlyu (m)	يوليو
agosto (m)	aɣusṭus (m)	أغسطس
septiembre (m)	sibtambar (m)	سبتمبر
octubre (m)	uktūbir (m)	أكتوبر
noviembre (m)	nuvimbar (m)	نوفمبر
diciembre (m)	disimbar (m)	ديسمبر

primavera (f)	rabīʕ (m)	ربيع
en primavera	fir rabīʕ	في الربيع
de primavera (adj)	rabīʕiy	ربيعي

verano (m)	ṣayf (m)	صيف
en verano	fiṣ ṣayf	في الصيف
de verano (adj)	ṣayfiy	صيفي

otoño (m)	χarīf (m)	خريف
en otoño	fil χarīf	في الخريف
de otoño (adj)	χarīfiy	خريفي

invierno (m)	ʃitāʼ (m)	شتاء
en invierno	fiʃ ʃitāʼ	في الشتاء
de invierno (adj)	ʃitawiy	شتويَ

mes (m)	ʃahr (m)	شهر
este mes	fi haða aʃ ʃahr	في هذا الشهر
al mes siguiente	fiʃ ʃahr al qādim	في الشهر القادم
el mes pasado	fiʃ ʃahr al māḍi	في الشهر الماضي

hace un mes	qabl ʃahr	قبل شهر
dentro de un mes	baʕd ʃahr	بعد شهر
dentro de dos meses	baʕd ʃahrayn	بعد شهرين
todo el mes	ṭūl aʃ ʃahr	طول الشهر
todo un mes	ʃahr kāmil	شهر كامل

mensual (adj)	ʃahriy	شهريَ
mensualmente (adv)	kull ʃahr	كل شهر
cada mes	kull ʃahr	كل شهر
dos veces por mes	marratayn fiʃ ʃahr	مرّتين في الشهر

año (m)	sana (f)	سنة
este año	fi haðihi as sana	في هذه السنة
el próximo año	fis sana al qādima	في السنة القادمة
el año pasado	fis sana al māḍiya	في السنة الماضية

hace un año	qabla sana	قبل سنة
dentro de un año	baʕd sana	بعد سنة
dentro de dos años	baʕd sanatayn	بعد سنتين
todo el año	ṭūl as sana	طول السنة
todo un año	sana kāmila	سنة كاملة

cada año	kull sana	كل سنة
anual (adj)	sanawiy	سنويّ
anualmente (adv)	kull sana	كل سنة
cuatro veces por año	arba' marrāt fis sana	أربع مرّات في السنة
fecha (f) (la ~ de hoy es …)	tarīχ (m)	تاريخ
fecha (f) (~ de entrega)	tarīχ (m)	تاريخ
calendario (m)	taqwīm (m)	تقويم
medio año (m)	niṣf sana (m)	نصف سنة
seis meses	niṣf sana (m)	نصف سنة
estación (f)	faṣl (m)	فصل
siglo (m)	qarn (m)	قرن

EL VIAJE. EL HOTEL

T&P Books Publishing

turismo (m)	siyāḥa (f)	سياحة
turista (m)	sā'iḥ (m)	سائح
viaje (m)	riḥla (f)	رحلة
aventura (f)	muɣāmara (f)	مغامرة
viaje (m) (p.ej. ~ en coche)	riḥla (f)	رحلة
vacaciones (f pl)	'uṭla (f)	عطلة
estar de vacaciones	'indahu 'uṭla	عنده عطلة
descanso (m)	istirāḥa (f)	إستراحة
tren (m)	qiṭār (m)	قطار
en tren	bil qiṭār	بالقطار
avión (m)	ṭā'ira (f)	طائرة
en avión	biṭ ṭā'ira	بالطائرة
en coche	bis sayyāra	بالسيّارة
en barco	bis safīna	بالسفينة
equipaje (m)	aʃ ʃunaṭ (pl)	الشنط
maleta (f)	ḥaqībat safar (f)	حقيبة سفر
carrito (m) de equipaje	'arabat ʃunaṭ (f)	عربة شنط
pasaporte (m)	ʒawāz as safar (m)	جواز السفر
visado (m)	ta'ʃīra (f)	تأشيرة
billete (m)	taðkira (f)	تذكرة
billete (m) de avión	taðkirat ṭā'ira (f)	تذكرة طائرة
guía (f) (libro)	dalīl (m)	دليل
mapa (m)	xarīṭa (f)	خريطة
área (f) (~ rural)	mintaqa (f)	منطقة
lugar (m)	makān (m)	مكان
exotismo (m)	ɣarāba (f)	غرابة
exótico (adj)	ɣarīb	غريب
asombroso (adj)	mudhiʃ	مدهش
grupo (m)	maʒmū'a (f)	مجموعة
excursión (f)	ʒawla (f)	جولة
guía (m) (persona)	murʃid (m)	مرشد

hotel (m)	funduq (m)	فندق
motel (m)	mutīl (m)	موتيل

de tres estrellas	θalāθat nuӡūm	ثلاثة نجوم
de cinco estrellas	χamsat nuӡūm	خمسة نجوم
hospedarse (vr)	nazal	نزل

habitación (f)	ɣurfa (f)	غرفة
habitación (f) individual	ɣurfa li ʃaχṣ wāḥid (f)	غرفة لشخص واحد
habitación (f) doble	ɣurfa li ʃaχṣayn (f)	غرفة لشخصين
reservar una habitación	ḥaӡaz ɣurfa	حجز غرفة

| media pensión (f) | waӡbitān fil yawm (du) | وجبتان في اليوم |
| pensión (f) completa | θalāθ waӡabāt fil yawm | ثلاث وجبات في اليوم |

con baño	bi ḥawḍ al istiḥmām	بحوض الإستحمام
con ducha	bid duʃ	بالدوش
televisión (f) satélite	tilivizyūn faḍā'iy (m)	تلفزيون فضائيّ
climatizador (m)	takyīf (m)	تكييف
toalla (f)	fūṭa (f)	فوطة
llave (f)	miftāḥ (m)	مفتاح

administrador (m)	mudīr (m)	مدير
camarera (f)	'āmilat tanẓīf ɣuraf (f)	عاملة تنظيف غرف
maletero (m)	ḥammāl (m)	حمّال
portero (m)	bawwāb (m)	بوّاب

restaurante (m)	maṭ'am (m)	مطعم
bar (m)	bār (m)	بار
desayuno (m)	fuṭūr (m)	فطور
cena (f)	'aʃā' (m)	عشاء
buffet (m) libre	bufīh (m)	بوفيه

| vestíbulo (m) | radha (f) | ردهة |
| ascensor (m) | miṣ'ad (m) | مصعد |

| NO MOLESTAR | ar raӡā' 'adam al iz'āӡ | الرجاء عدم الإزعاج |
| PROHIBIDO FUMAR | mamnū' at tadχīn | ممنوع التدخين |

22. El turismo. La excursión

monumento (m)	timθāl (m)	تمثال
fortaleza (f)	qal'a (f), ḥiṣn (m)	قلعة، حصن
palacio (m)	qaṣr (m)	قصر
castillo (m)	qal'a (f)	قلعة
torre (f)	burӡ (m)	برج
mausoleo (m)	ḍarīḥ (m)	ضريح

arquitectura (f)	handasa mi'māriyya (f)	هندسة معماريّة
medieval (adj)	min al qurūn al wusṭa	من القرون الوسطى
antiguo (adj)	qadīm	قديم
nacional (adj)	waṭaniy	وطنيّ
conocido (adj)	maʃhūr	مشهور

turista (m)	sā'iḥ (m)	سائح
guía (m) (persona)	murʃid (m)	مرشد
excursión (f)	ӡawla (f)	جولة
mostrar (vt)	ʿaraḍ	عرض
contar (una historia)	ḥaddaθ	حدّث

encontrar (hallar)	waӡad	وجد
perderse (vr)	ḍāʿ	ضاع
plano (m) (~ de metro)	χarīṭa (f)	خريطة
mapa (m) (~ de la ciudad)	χarīṭa (f)	خريطة

recuerdo (m)	tiðkār (m)	تذكار
tienda (f) de regalos	maḥall hadāya (m)	محلّ هدايا
hacer fotos	ṣawwar	صوّر
fotografiarse (vr)	taṣawwar	تصوّر

T&P BOOKS

EL TRANSPORTE

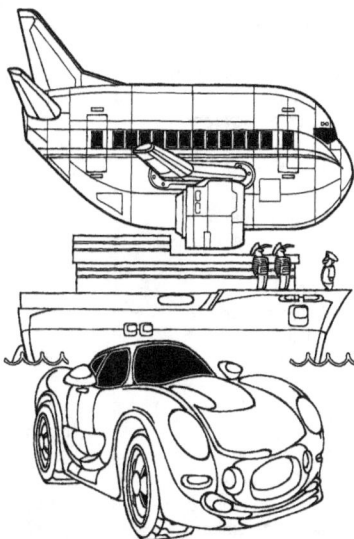

T&P Books Publishing

aeropuerto (m)	maṭār (m)	مطار
avión (m)	ṭāʾira (f)	طائرة
compañía (f) aérea	ʃarikat ṭayarān (f)	شركة طيران
controlador (m) aéreo	marāqib al ḥaraka al ʒawwiyya (pl)	مراقب الحركة الجويّة
despegue (m)	muɣādara (f)	مغادرة
llegada (f)	wuṣūl (m)	وصول
llegar (en avión)	waṣal	وصل
hora (f) de salida	waqt al muɣādara (m)	وقت المغادرة
hora (f) de llegada	waqt al wuṣūl (m)	وقت الوصول
retrasarse (vr)	taʾaxxar	تأخّر
retraso (m) de vuelo	taʾaxxur ar riḥla (m)	تأخّر الرحلة
pantalla (f) de información	lawḥat al maʿlūmāt (f)	لوحة المعلومات
información (f)	istiʿlāmāt (pl)	إستعلامات
anunciar (vt)	aʿlan	أعلن
vuelo (m)	riḥla (f)	رحلة
aduana (f)	ʒamārik (pl)	جمارك
aduanero (m)	muwazzaf al ʒamārik (m)	موظّف الجمارك
declaración (f) de aduana	taṣrīḥ ʒumrukiy (m)	تصريح جمركيّ
rellenar (vt)	malaʾ	ملأ
rellenar la declaración	malaʾ at taṣrīḥ	ملأ التصريح
control (m) de pasaportes	taftīʃ al ʒawāzāt (m)	تفتيش الجوازات
equipaje (m)	aʃ ʃunaṭ (pl)	الشنط
equipaje (m) de mano	ʃunaṭ al yad (pl)	شنط اليد
carrito (m) de equipaje	ʿarabat ʃunaṭ (f)	عربة شنط
aterrizaje (m)	hubūṭ (m)	هبوط
pista (f) de aterrizaje	mamarr al hubūṭ (m)	ممرّ الهبوط
aterrizar (vi)	habaṭ	هبط
escaleras (f pl) (de avión)	sullam aṭ ṭāʾira (m)	سلّم الطائرة
facturación (f) (check-in)	tasʒīl (m)	تسجيل
mostrador (m) de facturación	makān at tasʒīl (m)	مكان التسجيل
hacer el check-in	saʒʒal	سجّل
tarjeta (f) de embarque	biṭāqat ṣuʿūd (f)	بطاقة صعود
puerta (f) de embarque	bawwābat al muɣādara (f)	بوّابة المغادرة

tránsito (m)	tranzīt (m)	ترانزيت
esperar (aguardar)	intazar	إنتظر
zona (f) de preembarque	qāʿat al muɣādara (f)	قاعة المغادرة
despedir (vt)	waddaʿ	ودّع
despedirse (vr)	waddaʿ	ودّع

24. El avión

avión (m)	tāʾira (f)	طائرة
billete (m) de avión	taðkirat tāʾira (f)	تذكرة طائرة
compañía (f) aérea	ʃarikat tayarān (f)	شركة طيران
aeropuerto (m)	matār (m)	مطار
supersónico (adj)	xāriq liş şawt	خارق للصوت

comandante (m)	qāʾid at tāʾira (m)	قائد الطائرة
tripulación (f)	tāqim (m)	طاقم
piloto (m)	tayyār (m)	طيّار
azafata (f)	muḍīfat tayarān (f)	مضيفة طيران
navegador (m)	mallāḥ (m)	ملّاح

alas (f pl)	aʒniḥa (pl)	أجنحة
cola (f)	ðayl (m)	ذيل
cabina (f)	kabīna (f)	كابينة
motor (m)	mutūr (m)	موتور
tren (m) de aterrizaje	ʿaʒalāt al hubūt (pl)	عجلات الهبوط
turbina (f)	turbīna (f)	تربينة

hélice (f)	mirwaḥa (f)	مروحة
caja (f) negra	musaʒʒil at tayarān (m)	مسجّل الطيران
timón (m)	ʿaʒalat qiyāda (f)	عجلة قيادة
combustible (m)	wuqūd (m)	وقود

instructivo (m) de seguridad	bitāqat as salāma (f)	بطاقة السلامة
respirador (m) de oxígeno	qināʿ uksiʒīn (m)	قناع أوكسيجين
uniforme (m)	libās muwaḥḥad (m)	لباس موحّد
chaleco (m) salvavidas	sutrat naʒāt (f)	سترة نجاة
paracaídas (m)	miʒallat hubūt (f)	مظلّة هبوط

despegue (m)	iqlāʿ (m)	إقلاع
despegar (vi)	aqlaʿat	أقلعت
pista (f) de despegue	madraʒ at tāʾirāt (m)	مدرج الطائرات

visibilidad (f)	ruʾya (f)	رؤية
vuelo (m)	tayarān (m)	طيران
altura (f)	irtifāʿ (m)	إرتفاع
pozo (m) de aire	ʒayb hawāʾiy (m)	جيب هوائيّ

asiento (m)	maqʿad (m)	مقعد
auriculares (m pl)	sammāʿāt raʾsiya (pl)	سمّاعات رأسيّة
mesita (f) plegable	şīniyya qābila lit tayy (f)	صينية قابلة للطيّ

ventana (f)	ʃubbāk aṭ ṭā'ira (m)	شبّاك الطائرة
pasillo (m)	mamarr (m)	ممرّ

25. El tren

tren (m)	qiṭār (m)	قطار
tren (m) de cercanías	qiṭār (m)	قطار
tren (m) rápido	qiṭār sarīʿ (m)	قطار سريع
locomotora (f) diésel	qāṭirat dīzil (f)	قاطرة ديزل
tren (m) de vapor	qāṭira buxāriyya (f)	قاطرة بخاريّة
coche (m)	ʿaraba (f)	عربة
coche (m) restaurante	ʿarabat al maṭʿam (f)	عربة المطعم
rieles (m pl)	quḍubān (pl)	قضبان
ferrocarril (m)	sikka ḥadīdiyya (f)	سكّة حديديّة
traviesa (f)	ʿāriḍa (f)	عارضة
plataforma (f)	raṣīf (m)	رصيف
vía (f)	xaṭṭ (m)	خطّ
semáforo (m)	simafūr (m)	سيمافور
estación (f)	maḥaṭṭa (f)	محطّة
maquinista (m)	sā'iq (m)	سائق
maletero (m)	ḥammāl (m)	حمّال
mozo (m) del vagón	mas'ūl ʿarabat al qiṭār (m)	مسؤول عربة القطار
pasajero (m)	rākib (m)	راكب
revisor (m)	kamsariy (m)	كمسريّ
corredor (m)	mamarr (m)	ممرّ
freno (m) de urgencia	farāmil aṭ ṭawāri' (pl)	فرامل الطوارئ
compartimiento (m)	ɣurfa (f)	غرفة
litera (f)	sarīr (m)	سرير
litera (f) de arriba	sarīr ʿulwiy (m)	سرير علويّ
litera (f) de abajo	sarīr sufliy (m)	سرير سفليّ
ropa (f) de cama	aɣṭiyat as sarīr (pl)	أغطية السرير
billete (m)	taðkira (f)	تذكرة
horario (m)	ӡadwal (m)	جدول
pantalla (f) de información	lawḥat maʿlūmāt (f)	لوحة معلومات
partir (vi)	ɣādar	غادر
partida (f) (del tren)	muɣādara (f)	مغادرة
llegar (tren)	waṣal	وصل
llegada (f)	wuṣūl (m)	وصول
llegar en tren	waṣal bil qiṭār	وصل بالقطار
tomar el tren	rakib al qiṭār	ركب القطار
bajar del tren	nazil min al qiṭār	نزل من القطار

descarrilamiento (m)	ḥiṭām qiṭār (m)	حطام قطار
descarrilarse (vr)	χaraʒ ʿan χaṭṭ sayrih	خرج عن خطّ سيره
tren (m) de vapor	qāṭira buχāriyya (f)	قاطرة بخاريّة
fogonero (m)	ʿataʃʒiy (m)	عطشجي
hogar (m)	furn al muḥarrik (m)	فرن المحرّك
carbón (m)	faḥm (m)	فحم

26. El barco

barco, buque (m)	safīna (f)	سفينة
navío (m)	safīna (f)	سفينة
buque (m) de vapor	bāχira (f)	باخرة
motonave (f)	bāχira nahriyya (f)	باخرة نهريّة
trasatlántico (m)	bāχira siyaḥiyya (f)	باخرة سياحيّة
crucero (m)	ṭarrād (m)	طرّاد
yate (m)	yaχt (m)	يخت
remolcador (m)	qāṭira (f)	قاطرة
barcaza (f)	ṣandal (m)	صندل
ferry (m)	ʿabbāra (f)	عبّارة
velero (m)	safīna ʃirāʿiyya (m)	سفينة شراعيّة
bergantín (m)	markab ʃirāʿiy (m)	مركب شراعيّ
rompehielos (m)	muḥaṭṭimat ʒalīd (f)	محطّمة جليد
submarino (m)	ɣawwāṣa (f)	غوّاصة
bote (m) de remo	markab (m)	مركب
bote (m)	zawraq (m)	زورق
bote (m) salvavidas	qārib naʒāt (m)	قارب نجاة
lancha (f) motora	lanʃ (m)	لنش
capitán (m)	qubṭān (m)	قبطان
marinero (m)	baḥḥār (m)	بحّار
marino (m)	baḥḥār (m)	بحّار
tripulación (f)	ṭāqim (m)	طاقم
contramaestre (m)	raʾīs al baḥḥāra (m)	رئيس البحّارة
grumete (m)	ṣabiy as safīna (m)	صبي السفينة
cocinero (m) de abordo	ṭabbāχ (m)	طبّاخ
médico (m) del buque	ṭabīb as safīna (m)	طبيب السفينة
cubierta (f)	saṭḥ as safīna (m)	سطح السفينة
mástil (m)	sāriya (f)	سارية
vela (f)	ʃirāʿ (m)	شراع
bodega (f)	ʿambar (m)	عنبر
proa (f)	muqaddama (m)	مقدّمة
popa (f)	muʾaχirat as safīna (f)	مؤخّرة السفينة

remo (m)	miʒðāf (m)	مجذاف
hélice (f)	mirwaḥa (f)	مروحة
camarote (m)	kabīna (f)	كابينة
sala (f) de oficiales	ɣurfat al istirāḥa (f)	غرفة الإستراحة
sala (f) de máquinas	qism al ʾālāt (m)	قسم الآلات
puente (m) de mando	burʒ al qiyāda (m)	برج القيادة
sala (f) de radio	ɣurfat al lāsilkiy (f)	غرفة اللاسلكيّ
onda (f)	mawʒa (f)	موجة
cuaderno (m) de bitácora	siʒil as safīna (m)	سجل السفينة
anteojo (m)	minʒār (m)	منظار
campana (f)	ʒaras (m)	جرس
bandera (f)	ʿalam (m)	علم
cabo (m) (maroma)	ḥabl (m)	حبل
nudo (m)	ʿuqda (f)	عقدة
pasamano (m)	drabizīn (m)	درابزين
pasarela (f)	sullam (m)	سلّم
ancla (f)	mirsāt (f)	مرساة
levar ancla	rafaʿ mirsāt	رفع مرساة
echar ancla	rasa	رسا
cadena (f) del ancla	silsilat mirsāt (f)	سلسلة مرساة
puerto (m)	mīnāʾ (m)	ميناء
embarcadero (m)	marsa (m)	مرسى
amarrar (vt)	rasa	رسا
desamarrar (vt)	aqlaʿ	أقلع
viaje (m)	riḥla (f)	رحلة
crucero (m) (viaje)	riḥla baḥriyya (f)	رحلة بحرية
derrota (f) (rumbo)	masār (m)	مسار
itinerario (m)	ṭarīq (m)	طريق
canal (m) navegable	maʒra milāḥiy (m)	مجرى ملاحيّ
bajío (m)	miyāh ḍaḥla (f)	مياه ضحلة
encallar (vi)	ʒanaḥ	جنح
tempestad (f)	ʿāṣifa (f)	عاصفة
señal (f)	iʃāra (f)	إشارة
hundirse (vr)	ɣariq	غرق
¡Hombre al agua!	saqaṭ raʒul min as safīna!	سقط رجل من السفينة!
SOS	nidāʾ iɣāθa (m)	نداء إغاثة
aro (m) salvavidas	ṭawq naʒāt (m)	طوق نجاة

LA CIUDAD

T&P Books Publishing

27. El transporte urbano

autobús (m)	bāṣ (m)	باص
tranvía (m)	trām (m)	ترام
trolebús (m)	truli bāṣ (m)	ترولي باص
itinerario (m)	ҳaṭṭ (m)	خط
número (m)	raqm (m)	رقم
ir en …	rakib …	ركب...
tomar (~ el autobús)	rakib	ركب
bajar (~ del tren)	nazil min	نزل من
parada (f)	mawqif (m)	موقف
próxima parada (f)	al maḥaṭṭa al qādima (f)	المحطة القادمة
parada (f) final	āҳir maḥaṭṭa (f)	آخر محطة
horario (m)	ӡadwal (m)	جدول
esperar (aguardar)	inṭazar	إنتظر
billete (m)	taðkira (f)	تذكرة
precio (m) del billete	uӡra (f)	أجرة
cajero (m)	ṣarrāf (m)	صرّاف
control (m) de billetes	taftīʃ taðkira (m)	تفتيش تذكرة
revisor (m)	mufattiʃ taðākir (m)	مفتّش تذاكر
llegar tarde (vi)	ta'aҳҳar	تأخّر
perder (~ el tren)	ta'aҳҳar	تأخّر
tener prisa	istaʿӡal	إستعجل
taxi (m)	taksi (m)	تاكسي
taxista (m)	sā'iq taksi (m)	سائق تاكسي
en taxi	bit taksi	بالتاكسي
parada (f) de taxi	mawqif taksi (m)	موقف تاكسي
llamar un taxi	kallam tāksi	كلم تاكسي
tomar un taxi	aҳað ṭaksi	أخذ تاكسي
tráfico (m)	ḥarakat al murūr (f)	حركة المرور
atasco (m)	zaḥmat al murūr (f)	زحمة المرور
horas (f pl) de punta	sā'at að ðurwa (f)	ساعة الذروة
aparcar (vi)	awqaf	أوقف
aparcar (vt)	awqaf	أوقف
aparcamiento (m)	mawqif as sayyārāt (m)	موقف السيارات
metro (m)	mitru (m)	مترو
estación (f)	maḥaṭṭa (f)	محطة
ir en el metro	rakib al mitru	ركب المترو

tren (m)	qiṭār (m)	قطار
estación (f)	maḥaṭṭat qiṭār (f)	محطة قطار

28. La ciudad. La vida en la ciudad

ciudad (f)	madīna (f)	مدينة
capital (f)	'āṣima (f)	عاصمة
aldea (f)	qarya (f)	قرية
plano (m) de la ciudad	xarīṭat al madīna (f)	خريطة المدينة
centro (m) de la ciudad	markaz al madīna (m)	مركز المدينة
suburbio (m)	ḍāḥiya (f)	ضاحية
suburbano (adj)	aḍ ḍawāḥi	الضواحي
arrabal (m)	aṭrāf al madīna (pl)	أطراف المدينة
afueras (f pl)	ḍawāḥi al madīna (pl)	ضواحي المدينة
barrio (m)	ḥayy (m)	حيّ
zona (f) de viviendas	ḥayy sakaniy (m)	حيّ سكني
tráfico (m)	ḥarakat al murūr (f)	حركة المرور
semáforo (m)	iʃārāt al murūr (pl)	إشارات المرور
transporte (m) urbano	wasāʼil an naql (pl)	وسائل النقل
cruce (m)	taqāṭuʻ (m)	تقاطع
paso (m) de peatones	maʻbar al muʃāt (m)	معبر المشاة
paso (m) subterráneo	nafaq muʃāt (m)	نفق مشاة
cruzar (vt)	ʻabar	عبر
peatón (m)	māʃi (m)	ماش
acera (f)	raṣīf (m)	رصيف
puente (m)	ʒisr (m)	جسر
muelle (m)	kurnīʃ (m)	كورنيش
fuente (f)	nāfūra (f)	نافورة
alameda (f)	mamʃa (m)	ممشى
parque (m)	ḥadīqa (f)	حديقة
bulevar (m)	bulvār (m)	بولفار
plaza (f)	maydān (m)	ميدان
avenida (f)	ʃāriʻ (m)	شارع
calle (f)	ʃāriʻ (m)	شارع
callejón (m)	zuqāq (m)	زقاق
callejón (m) sin salida	ṭarīq masdūd (m)	طريق مسدود
casa (f)	bayt (m)	بيت
edificio (m)	mabna (m)	مبنى
rascacielos (m)	nāṭiḥat saḥāb (f)	ناطحة سحاب
fachada (f)	wāʒiha (f)	واجهة
techo (m)	saqf (m)	سقف
ventana (f)	ʃubbāk (m)	شبّاك

arco (m)	qaws (m)	قوس
columna (f)	'amūd (m)	عمود
esquina (f)	zāwiya (f)	زاوية

escaparate (f)	vatrīna (f)	فترينة
letrero (m) (~ luminoso)	lāfita (f)	لافتة
cartel (m)	mulṣaq (m)	ملصق
cartel (m) publicitario	mulṣaq i'lāniy (m)	ملصق إعلاني
valla (f) publicitaria	lawḥat i'lānāt (f)	لوحة إعلانات

basura (f)	zubāla (f)	زبالة
cajón (m) de basura	ṣundūq zubāla (m)	صندوق زبالة
tirar basura	rama zubāla	رمى زبالة
basurero (m)	mazbala (f)	مزبلة

cabina (f) telefónica	kuʃk tilifūn (m)	كشك تليفون
farola (f)	'amūd al miṣbāḥ (m)	عمود المصباح
banco (m) (del parque)	dikka (f), kursiy (m)	دكّة, كرسيّ

policía (m)	ʃurṭiy (m)	شرطيّ
policía (f) (~ nacional)	ʃurṭa (f)	شرطة
mendigo (m)	ʃaḥḥāð (m)	شحّاذ
persona (f) sin hogar	mutaʃarrid (m)	متشرّد

29. Las instituciones urbanas

tienda (f)	maḥall (m)	محلّ
farmacia (f)	ṣaydaliyya (f)	صيدليّة
óptica (f)	al adawāt al baṣariyya (pl)	الأدوات البصريّة
centro (m) comercial	markaz tiȝāriy (m)	مركز تجاريّ
supermercado (m)	subirmarkit (m)	سوبرماركت

panadería (f)	maxbaz (m)	مخبز
panadero (m)	xabbāz (m)	خبّاز
pastelería (f)	dukkān ḥalawāniy (m)	دكّان حلوانيّ
tienda (f) de comestibles	baqqāla (f)	بقّالة
carnicería (f)	malḥama (f)	ملحمة

verdulería (f)	dukkān xuḍār (m)	دكّان خضار
mercado (m)	sūq (f)	سوق

cafetería (f)	kafé (m), maqha (m)	كافيه, مقهى
restaurante (m)	maṭ'am (m)	مطعم
cervecería (f)	ḥāna (f)	حانة
pizzería (f)	maṭ'am pizza (m)	مطعم بيتزا

peluquería (f)	ṣālūn ḥilāqa (m)	صالون حلاقة
oficina (f) de correos	maktab al barīd (m)	مكتب البريد
tintorería (f)	tanẓīf ȝāff (m)	تنظيف جافّ
estudio (m) fotográfico	istūdiyu taṣwīr (m)	إستوديو تصوير

zapatería (f)	mahall ahðiya (m)	محلّ أحذية
librería (f)	mahall kutub (m)	محلّ كتب
tienda (f) deportiva	mahall riyāḍiy (m)	محلّ رياضيّ
arreglos (m pl) de ropa	mahall xiyāṭat malābis (m)	محلّ خياطة ملابس
alquiler (m) de ropa	mahall ta'ʒīr malābis rasmiyya (m)	محلّ تأجير ملابس رسمية
videoclub (m)	mahal ta'ʒīr vidiyu (m)	محلّ تأجير فيديو
circo (m)	sirk (m)	سيرك
zoológico (m)	hadīqat al hayawān (f)	حديقة حيوان
cine (m)	sinima (f)	سينما
museo (m)	mathaf (m)	متحف
biblioteca (f)	maktaba (f)	مكتبة
teatro (m)	masrah (m)	مسرح
ópera (f)	ubra (f)	أوبرا
club (m) nocturno	malha layliy (m)	ملهى ليليّ
casino (m)	kazinu (m)	كازينو
mezquita (f)	masʒid (m)	مسجد
sinagoga (f)	kanīs maʿbad yahūdiy (m)	كنيس معبد يهوديّ
catedral (f)	katidrā'iyya (f)	كاتدرائيّة
templo (m)	maʿbad (m)	معبد
iglesia (f)	kanīsa (f)	كنيسة
instituto (m)	kulliyya (m)	كلّيّة
universidad (f)	ʒāmiʿa (f)	جامعة
escuela (f)	madrasa (f)	مدرسة
prefectura (f)	muqāṭaʿa (f)	مقاطعة
alcaldía (f)	baladiyya (f)	بلديّة
hotel (m)	funduq (m)	فندق
banco (m)	bank (m)	بنك
embajada (f)	safāra (f)	سفارة
agencia (f) de viajes	ʃarikat siyāḥa (f)	شركة سياحة
oficina (f) de información	maktab al istiʿlāmāt (m)	مكتب الإستعلامات
oficina (f) de cambio	ṣarrāfa (f)	صرّافة
metro (m)	mitru (m)	مترو
hospital (m)	mustaʃfa (m)	مستشفى
gasolinera (f)	mahaṭṭat banzīn (f)	محطّة بنزين
aparcamiento (m)	mawqif as sayyārāt (m)	موقف السيّارات

30. Los avisos

letrero (m) (~ luminoso)	lāfita (f)	لافتة
cartel (m) (texto escrito)	bayān (m)	بيان

pancarta (f)	mulṣaq iʿlāniy (m)	ملصق إعلانيّ
señal (m) de dirección	ʿalāmat ittiȝāh (f)	علامة إتّجاه
flecha (f) (signo)	ʿalāmat iȝāra (f)	علامة إشارة
advertencia (f)	taḥōīr (m)	تحذير
aviso (m)	lāfitat taḥōīr (f)	لافتة تحذير
advertir (vt)	haððar	حذّر
día (m) de descanso	yawm ʿuṭla (m)	يوم عطلة
horario (m)	ȝadwal (m)	جدول
horario (m) de apertura	awqāt al ʿamal (pl)	أوقات العمل
¡BIENVENIDOS!	ahlan wa sahlan!	أهلًا وسهلًا
ENTRADA	duχūl	دخول
SALIDA	χurūȝ	خروج
EMPUJAR	idfaʿ	إدفع
TIRAR	isḥab	إسحب
ABIERTO	maftūḥ	مفتوح
CERRADO	muɣlaq	مغلق
MUJERES	lis sayyidāt	للسيدات
HOMBRES	lir riȝāl	للرجال
REBAJAS	χaṣm	خصم
SALDOS	taχfīḍāt	تخفيضات
NOVEDAD	ȝadīd!	جديد!
GRATIS	maȝȝānan	مجّانًا
¡ATENCIÓN!	intibāh!	إنتباه!
COMPLETO	kull al amākin mahȝūza	كل الأماكن محجوزة
RESERVADO	mahȝūz	محجوز
ADMINISTRACIÓN	idāra	إدارة
SÓLO PERSONAL AUTORIZADO	lil ʿāmilīn faqaṭ	للعاملين فقط
CUIDADO CON EL PERRO	ihðar wuȝūd al kalb	إحذر وجود الكلب
PROHIBIDO FUMAR	mamnūʿ at tadχīn	ممنوع التدخين
NO TOCAR	ʿadam al lams	عدم اللمس
PELIGROSO	χaṭīr	خطير
PELIGRO	χaṭar	خطر
ALTA TENSIÓN	tayyār ʿāli	تيّار عالي
PROHIBIDO BAÑARSE	as sibāḥa mamnūʿa	السباحة ممنوعة
NO FUNCIONA	muʿaṭṭal	معطّل
INFLAMABLE	sarīʿ al iȝtiʿāl	سريع الإشتعال
PROHIBIDO	mamnūʿ	ممنوع
PROHIBIDO EL PASO	mamnūʿ al murūr	ممنوع المرور
RECIÉN PINTADO	ihðar ṭilāʿ ɣayr ȝāff	إحذر طلاء غير جاف

31. Las compras

comprar (vt)	iʃtara	إشترى
compra (f)	ʃay' (m)	شيء
hacer compras	iʃtara	إشترى
compras (f pl)	ʃubinɣ (m)	شوبينغ
estar abierto (tienda)	maftūḥ	مفتوح
estar cerrado	muɣlaq	مغلق
calzado (m)	aḥ ðiya (pl)	أحذية
ropa (f)	malābis (pl)	ملابس
cosméticos (m pl)	mawādd at taᴣmīl (pl)	موادّ التجميل
productos alimenticios	ma'kūlāt (pl)	مأكولات
regalo (m)	hadiyya (f)	هديّة
vendedor (m)	bā'i' (m)	بائع
vendedora (f)	bā'i'a (f)	بائعة
caja (f)	ṣundū' ad daf' (m)	صندوق الدفع
espejo (m)	mir'āt (f)	مرآة
mostrador (m)	minḍada (f)	منضدة
probador (m)	ɣurfat al qiyās (f)	غرفة القياس
probar (un vestido)	ᴣarrab	جرّب
quedar (una ropa, etc.)	nāsab	ناسب
gustar (vi)	a'ᴣab	أعجب
precio (m)	si'r (m)	سعر
etiqueta (f) de precio	tikit as si'r (m)	تيكت السعر
costar (vt)	kallaf	كلّف
¿Cuánto?	bikam?	بكم؟
descuento (m)	χaṣm (m)	خصم
no costoso (adj)	ɣayr ɣāli	غير غال
barato (adj)	raχīṣ	رخيص
caro (adj)	ɣāli	غال
Es caro	haða ɣāli	هذا غال
alquiler (m)	isti'ᴣār (m)	إستئجار
alquilar (vt)	ista'ᴣar	إستأجر
crédito (m)	i'timān (m)	إئتمان
a crédito (adv)	bid dayn	بالدين

LA ROPA Y
LOS ACCESORIOS

T&P Books Publishing

32. La ropa exterior. Los abrigos

ropa (f)	malābis (pl)	ملابس
ropa (f) de calle	malābis fawqāniyya (pl)	ملابس فوقانيّة
ropa (f) de invierno	malābis ʃitawiyya (pl)	ملابس شتويّة
abrigo (m)	miʿṭaf (m)	معطف
abrigo (m) de piel	miʿṭaf farw (m)	معطف فرو
abrigo (m) corto de piel	ʒakīt farw (m)	جاكيت فرو
chaqueta (f) plumón	ḥaʃiyyat rīʃ (m)	حشية ريش
cazadora (f)	ʒākīt (m)	جاكيت
impermeable (m)	miʿṭaf lil maṭar (m)	معطف للمطر
impermeable (adj)	ṣāmid lil māʾ	صامد للماء

33. Ropa de hombre y mujer

camisa (f)	qamīṣ (m)	قميص
pantalones (m pl)	banṭalūn (m)	بنطلون
jeans, vaqueros (m pl)	ʒīnz (m)	جينز
chaqueta (f), saco (m)	sutra (f)	سترة
traje (m)	badla (f)	بدلة
vestido (m)	fustān (m)	فستان
falda (f)	tannūra (f)	تنّورة
blusa (f)	blūza (f)	بلوزة
rebeca (f), chaqueta (f) de punto	kardigān (m)	كارديجان
chaqueta (f)	ʒākīt (m)	جاكيت
camiseta (f) (T-shirt)	ti ʃirt (m)	تي شيرت
pantalones (m pl) cortos	ʃūrt (m)	شورت
traje (m) deportivo	badlat at tadrīb (f)	بدلة التدريب
bata (f) de baño	θawb ḥammām (m)	ثوب حمّام
pijama (m)	biʒāma (f)	بيجاما
suéter (m)	bulūvir (m)	بلوفر
pulóver (m)	bulūvir (m)	بلوفر
chaleco (m)	ṣudayriy (m)	صديريّ
frac (m)	badlat sahra (f)	بدلة سهرة
esmoquin (m)	smūkin (m)	سموكن
uniforme (m)	zayy muwaḥḥad (m)	زي موحّد
ropa (f) de trabajo	θiyāb al ʿamal (m)	ثياب العمل

| mono (m) | uvirūl (m) | اوفرول |
| bata (f) (p. ej. ~ blanca) | θawb (m) | ثوب |

34. La ropa. La ropa interior

ropa (f) interior	malābis dāχiliyya (pl)	ملابس داخليّة
bóxer (m)	sirwāl dāχiliy riʒāliy (m)	سروال داخلي رجاليّ
bragas (f pl)	sirwāl dāχiliy nisāʾiy (m)	سروال داخلي نسائيّ
camiseta (f) interior	qamīṣ bila aqmām (m)	قميص بلا أكمام
calcetines (m pl)	ʒawārib (pl)	جوارب

camisón (m)	qamīṣ nawm (m)	قميص نوم
sostén (m)	ḥammālat ṣadr (f)	حمّالة صدر
calcetines (m pl) altos	ʒawārib ṭawīla (pl)	جوارب طويلة
pantimedias (f pl)	ʒawārib kulūn (pl)	جوارب كولون
medias (f pl)	ʒawārib nisāʾiyya (pl)	جوارب نسائية
traje (m) de baño	libās sibāḥa (m)	لباس سباحة

35. Gorras

gorro (m)	qubbaʿa (f)	قبّعة
sombrero (m) de fieltro	burnayṭa (f)	برنيطة
gorra (f) de béisbol	kāb baysbūl (m)	كاب بيسبول
gorra (f) plana	qubbaʿa musaṭṭaḥa (f)	قبّعة مسطحة

boina (f)	birīh (m)	بيريه
capuchón (m)	ɣiṭāʾ (m)	غطاء
panamá (m)	qubbaʿat banāma (f)	قبّعة بناما
gorro (m) de punto	qubbāʿa maḥbūka (m)	قبّعة محبوكة

| pañuelo (m) | ʿiʒārb (m) | إيشارب |
| sombrero (m) de mujer | burnayṭa (f) | برنيطة |

casco (m) (~ protector)	χūða (f)	خوذة
gorro (m) de campaña	kāb (m)	كاب
casco (m) (~ de moto)	χūða (f)	خوذة

| bombín (m) | qubbaʿat dirbi (f) | قبّعة ديربي |
| sombrero (m) de copa | qubbaʿa ʿāliya (f) | قبّعة عالية |

36. El calzado

calzado (m)	aḥðiya (pl)	أحذية
botas (f pl)	ʒazma (f)	جزمة
zapatos (m pl) (~ de tacón bajo)	ʒazma (f)	جزمة

botas (f pl) altas	būt (m)	بوت
zapatillas (f pl)	ʃibʃib (m)	شبشب
tenis (m pl)	ḥiðā' riyāḍiy (m)	حذاء رياضيّ
zapatillas (f pl) de lona	kutʃi (m)	كوتشي
sandalias (f pl)	ṣandal (pl)	صندل
zapatero (m)	iskāfiy (m)	إسكافيّ
tacón (m)	ka'b (m)	كعب
par (m)	zawʒ (m)	زوج
cordón (m)	ʃarīt (m)	شريط
encordonar (vt)	rabaṭ	ربط
calzador (m)	labbāsat ḥiðā' (f)	لبّاسة حذاء
betún (m)	warnīʃ al ḥiðā' (m)	ورنيش الحذاء

37. Accesorios personales

guantes (m pl)	quffāz (m)	قفّاز
manoplas (f pl)	quffāz muɣlaq (m)	قفّاز مغلق
bufanda (f)	ʔiʃārb (m)	إيشارب
gafas (f pl)	naẓẓāra (f)	نظّارة
montura (f)	iṭār (m)	إطار
paraguas (m)	ʃamsiyya (f)	شمسيّة
bastón (m)	'aṣa (f)	عصا
cepillo (m) de pelo	furʃat ʃa'r (f)	فرشة شعر
abanico (m)	mirwaḥa yadawiyya (f)	مروحة يدويّة
corbata (f)	karavatta (f)	كرافتة
pajarita (f)	babyūn (m)	بيبون
tirantes (m pl)	ḥammāla (f)	حمّالة
moquero (m)	mandīl (m)	منديل
peine (m)	miʃṭ (m)	مشط
pasador (m) de pelo	dabbūs (m)	دبّوس
horquilla (f)	bansa (f)	بنسة
hebilla (f)	bukla (f)	بكلة
cinturón (m)	ḥizām (m)	حزام
correa (f) (de bolso)	ḥammalat al katf (f)	حمّالة الكتف
bolsa (f)	ʃanṭa (f)	شنطة
bolso (m)	ʃanṭat yad (f)	شنطة يد
mochila (f)	ḥaqībat ẓahr (f)	حقيبة ظهر

38. La ropa. Miscelánea

| moda (f) | mūḍa (f) | موضة |
| de moda (adj) | fil mūḍa | في الموضة |

diseñador (m) de moda	muṣammim azyā' (m)	مصمّم أزياء
cuello (m)	yāqa (f)	ياقة
bolsillo (m)	ʒayb (m)	جيب
de bolsillo (adj)	ʒayb	جيب
manga (f)	kumm (m)	كمّ
presilla (f)	'allāqa (f)	علّاقة
bragueta (f)	lisān (m)	لسان

cremallera (f)	zimām munzaliq (m)	زمام منزلق
cierre (m)	miʃbak (m)	مشبك
botón (m)	zirr (m)	زرّ
ojal (m)	'urwa (f)	عروة
saltar (un botón)	waqa'	وقع

coser (vi, vt)	χāṭ	خاط
bordar (vt)	ṭarraz	طرّز
bordado (m)	taṭrīz (m)	تطريز
aguja (f)	ibra (f)	إبرة
hilo (m)	χayṭ (m)	خيط
costura (f)	darz (m)	درز

ensuciarse (vr)	tawassaχ	توسّخ
mancha (f)	buq'a (f)	بقعة
arrugarse (vr)	takarmaʃ	تكرمش
rasgar (vt)	qaṭṭa'	قطّع
polilla (f)	'uθθa (f)	عثّة

39. Productos personales. Cosméticos

pasta (f) de dientes	ma'ʒūn asnān (m)	معجون أسنان
cepillo (m) de dientes	furʃat asnān (f)	فرشة أسنان
limpiarse los dientes	nazzaf al asnān	نظّف الأسنان

maquinilla (f) de afeitar	mūs ḥilāqa (m)	موس حلاقة
crema (f) de afeitar	krīm ḥilāqa (m)	كريم حلاقة
afeitarse (vr)	ḥalaq	حلق

| jabón (m) | ṣābūn (m) | صابون |
| champú (m) | ʃāmbū (m) | شامبو |

tijeras (f pl)	maqaṣṣ (m)	مقصّ
lima (f) de uñas	mibrad (m)	مبرد
cortaúñas (m pl)	milqaṭ (m)	ملقط
pinzas (f pl)	milqaṭ (m)	ملقط

cosméticos (m pl)	mawādd at taʒmīl (pl)	موادّ التجميل
mascarilla (f)	mask (m)	ماسك
manicura (f)	manikūr (m)	مانيكور
hacer la manicura	'amal manikūr	عمل مانيكور
pedicura (f)	badikīr (m)	باديكير

bolsa (f) de maquillaje	ḥaqībat adawāt at taȝmīl (f)	حقيبة أدوات التجميل
polvos (m pl)	budrat waȝh (f)	بودرة وجه
polvera (f)	‘ulbat būdra (f)	علبة بودرة
colorete (m), rubor (m)	aḥmar xudūd (m)	أحمر خدود
perfume (m)	‘iṭr (m)	عطر
agua (f) de tocador	kulūnya (f)	كولونيا
loción (f)	lusiyun (m)	لوسيون
agua (f) de Colonia	kulūniya (f)	كولونيا
sombra (f) de ojos	ay ʃaduw (m)	اي شادو
lápiz (m) de ojos	kuḥl al ‘uyūn (m)	كحل العيون
rímel (m)	maskara (f)	ماسكارا
pintalabios (m)	aḥmar ʃifāh (m)	أحمر شفاه
esmalte (m) de uñas	mulammi‘ al aẓāfir (m)	ملمع الاظافر
fijador (m) para el pelo	muθabbit aʃ ʃa‘r (m)	مثبت الشعر
desodorante (m)	muzīl rawā’iḥ (m)	مزيل روائح
crema (f)	krīm (m)	كريم
crema (f) de belleza	krīm lil waȝh (m)	كريم للوجه
crema (f) de manos	krīm lil yadayn (m)	كريم لليدين
crema (f) antiarrugas	krīm muḍādd lit taȝā’īd (m)	كريم مضاد للتجاعيد
crema (f) de día	krīm an nahār (m)	كريم النهار
crema (f) de noche	krīm al layl (m)	كريم الليل
de día (adj)	nahāriy	نهاريّ
de noche (adj)	layliy	ليلي
tampón (m)	tambūn (m)	تانبون
papel (m) higiénico	waraq ḥammām (m)	ورق حمّام
secador (m) de pelo	muȝaffif ʃa‘r (m)	مجفف شعر

40. Los relojes

reloj (m)	sā‘a (f)	ساعة
esfera (f)	waȝh as sā‘a (m)	وجه الساعة
aguja (f)	‘aqrab as sā‘a (m)	عقرب الساعة
pulsera (f)	siwār sā‘a ma‘daniyya (m)	سوار ساعة معدنية
correa (f) (del reloj)	siwār sā‘a (m)	سوار ساعة
pila (f)	baṭṭāriyya (f)	بطاريّة
descargarse (vr)	tafarraɣ	تفرّغ
cambiar la pila	ɣayyar al baṭṭāriyya	غيّر البطّاريّة
adelantarse (vr)	sabaq	سبق
retrasarse (vr)	ta’axxar	تأخّر
reloj (m) de pared	sā‘at ḥā’iṭ (f)	ساعة حائط
reloj (m) de arena	sā‘a ramliyya (f)	ساعة رمليّة
reloj (m) de sol	sā‘a ʃamsiyya (f)	ساعة شمسيّة
despertador (m)	munabbih (m)	منبّه

| relojero (m) | saʿātiy (m) | ساعاتيّ |
| reparar (vt) | aṣlaḥ | أصلح |

T&P BOOKS

LA EXPERIENCIA DIARIA

T&P Books Publishing

dinero (m)	nuqūd (pl)	نقود
cambio (m)	taḥwīl ʿumla (m)	تحويل عملة
curso (m)	siʿr aṣ ṣarf (m)	سعر الصرف
cajero (m) automático	ṣarrāf ʾāliy (m)	صرّاف آليّ
moneda (f)	qiṭʿa naqdiyya (f)	قطعة نقديّة
dólar (m)	dulār (m)	دولار
euro (m)	yuru (m)	يورو
lira (f)	lira iṭāliyya (f)	ليرة إيطالية
marco (m) alemán	mark almāniy (m)	مارك ألماني
franco (m)	frank (m)	فرنك
libra esterlina (f)	ʒunayh istirlīniy (m)	جنيه استرلينيّ
yen (m)	yīn (m)	ين
deuda (f)	dayn (m)	دين
deudor (m)	muðīn (m)	مدين
prestar (vt)	sallaf	سلّف
tomar prestado	istalaf	إستلف
banco (m)	bank (m)	بنك
cuenta (f)	ḥisāb (m)	حساب
ingresar (~ en la cuenta)	awdaʿ	أودع
ingresar en la cuenta	awdaʿ fil ḥisāb	أودع في الحساب
sacar de la cuenta	saḥab min al ḥisāb	سحب من الحساب
tarjeta (f) de crédito	biṭāqat iʾtimān (f)	بطاقة إئتمان
dinero (m) en efectivo	nuqūd (pl)	نقود
cheque (m)	ʃīk (m)	شيك
sacar un cheque	katab ʃīk	كتب شيكًا
talonario (m)	daftar ʃīkāt (m)	دفتر شيكات
cartera (f)	maḥfaẓat ʒīb (f)	محفظة جيب
monedero (m)	maḥfaẓat fakka (f)	محفظة فكّة
caja (f) fuerte	xizāna (f)	خزانة
heredero (m)	wāris (m)	وارث
herencia (f)	wirāθa (f)	وراثة
fortuna (f)	θarwa (f)	ثروة
arriendo (m)	ʾīʒār (m)	إيجار
alquiler (m) (dinero)	uʒrat as sakan (f)	أجرة السكن
alquilar (~ una casa)	istaʾʒar	إستأجر
precio (m)	siʿr (m)	سعر

| coste (m) | θaman (m) | ثمن |
| suma (f) | mablaɣ (m) | مبلغ |

gastar (vt)	ṣaraf	صرف
gastos (m pl)	maṣārīf (pl)	مصاريف
economizar (vi, vt)	waffar	وفَر
económico (adj)	muwaffir	موفَر

pagar (vi, vt)	dafaˁ	دفع
pago (m)	dafˁ (m)	دفع
cambio (m) (devolver el ~)	al bāqi (m)	الباقي

impuesto (m)	ḍarība (f)	ضريبة
multa (f)	ɣarāma (f)	غرامة
multar (vt)	faraḍ ɣarāma	فرض غرامة

42. La oficina de correos

oficina (f) de correos	maktab al barīd (m)	مكتب البريد
correo (m) (cartas, etc.)	al barīd (m)	البريد
cartero (m)	sāˁi al barīd (m)	ساعي البريد
horario (m) de apertura	awqāt al ˁamal (pl)	أوقات العمل

carta (f)	risāla (f)	رسالة
carta (f) certificada	risāla musaǧǧala (f)	رسالة مسجَلة
tarjeta (f) postal	biṭāqa barīdiyya (f)	بطاقة بريدية
telegrama (m)	barqiyya (f)	برقية
paquete (m) postal	ṭard (m)	طرد
giro (m) postal	ḥawāla māliyya (f)	حوالة مالية

recibir (vt)	istalam	إستلم
enviar (vt)	arsal	أرسل
envío (m)	irsāl (m)	إرسال
dirección (f)	ˁunwān (m)	عنوان
código (m) postal	raqm al barīd (m)	رقم البريد
expedidor (m)	mursil (m)	مرسل
destinatario (m)	mursal ilayh (m)	مرسل إليه

| nombre (m) | ism (m) | إسم |
| apellido (m) | ism al ˁāʾila (m) | إسم العائلة |

tarifa (f)	taˁrīfa (f)	تعريفة
ordinario (adj)	ˁādiy	عاديَ
económico (adj)	muwaffir	موفَر

peso (m)	wazn (m)	وزن
pesar (~ una carta)	wazan	وزن
sobre (m)	ẓarf (m)	ظرف
sello (m)	ṭābiˁ (m)	طابع
poner un sello	alṣaq ṭābiˁ	ألصق طابعا

43. La banca

banco (m)	bank (m)	بنك
sucursal (f)	farʿ (m)	فرع
consultor (m)	muwaẓẓaf bank (m)	موظّف بنك
gerente (m)	mudīr (m)	مدير
cuenta (f)	ḥisāb (m)	حساب
numero (m) de la cuenta	raqm al ḥisāb (m)	رقم الحساب
cuenta (f) corriente	ḥisāb ʒāri (m)	حساب جار
cuenta (f) de ahorros	ḥisāb tawfīr (m)	حساب توفير
abrir una cuenta	fataḥ ḥisāb	فتح حسابا
cerrar la cuenta	aɣlaq ḥisāb	أغلق حسابا
ingresar en la cuenta	awdaʿ fil ḥisāb	أودع في الحساب
sacar de la cuenta	saḥab min al ḥisāb	سحب من الحساب
depósito (m)	wadīʿa (f)	وديعة
hacer un depósito	awdaʿ	أودع
giro (m) bancario	ḥawāla (f)	حوالة
hacer un giro	ḥawwal	حوّل
suma (f)	mablaɣ (m)	مبلغ
¿Cuánto?	kam?	كم؟
firma (f) (nombre)	tawqīʿ (m)	توقيع
firmar (vt)	waqqaʿ	وقّع
tarjeta (f) de crédito	biṭāqat iʾtimān (f)	بطاقة ائتمان
código (m)	kūd (m)	كود
número (m) de tarjeta de crédito	raqm biṭāqat iʾtimān (m)	رقم بطاقة إئتمان
cajero (m) automático	ṣarrāf ʾāliy (m)	صرّاف آليّ
cheque (m)	ʃīk (m)	شيك
sacar un cheque	katab ʃīk	كتب شيكًا
talonario (m)	daftar ʃīkāt (m)	دفتر شيكات
crédito (m)	qarḍ (m)	قرض
pedir el crédito	qaddam ṭalab lil ḥuṣūl ʿala qarḍ	قدّم طلبا للحصول على قرض
obtener un crédito	ḥaṣal ʿala qarḍ	حصل على قرض
conceder un crédito	qaddam qarḍ	قدّم قرضا
garantía (f)	ḍamān (m)	ضمان

44. El teléfono. Las conversaciones telefónicas

teléfono (m)	hātif (m)	هاتف
teléfono (m) móvil	hātif maḥmūl (m)	هاتف محمول

contestador (m)	muʒīb al hātif (m)	مجيب الهاتف
llamar, telefonear	ittaṣal	إتّصل
llamada (f)	mukālama tilifuniyya (f)	مكالمة تليفونية
marcar un número	ittaṣal bi raqm	إتّصل برقم
¿Sí?, ¿Dígame?	alu!	ألو!
preguntar (vt)	sa'al	سأل
responder (vi, vt)	radd	ردّ
oír (vt)	sami'	سمع
bien (adv)	ʒayyidan	جيّدا
mal (adv)	sayyi'an	سيّئًا
ruidos (m pl)	taʃwīʃ (m)	تشويش
auricular (m)	sammā'a (f)	سمّاعة
descolgar (el teléfono)	rafa' as sammā'a	رفع السمّاعة
colgar el auricular	qafal as sammā'a	قفل السمّاعة
ocupado (adj)	maʃɣūl	مشغول
sonar (teléfono)	rann	رنّ
guía (f) de teléfonos	dalīl at tilifūn (m)	دليل التليفون
local (adj)	maḥalliyya	ة محلّية
llamada (f) local	mukālama hātifiyya maḥalliyya (f)	مكالمة هاتفيّة محلّية
de larga distancia	ba'īd al mada	بعيد المدى
llamada (f) de larga distancia	mukālama ba'īdat al mada (f)	مكالمة بعيدة المدى
internacional (adj)	duwaliy	دوليّ
llamada (f) internacional	mukālama duwaliyya (f)	مكالمة دوليّة

45. El teléfono celular

teléfono (m) móvil	hātif maḥmūl (m)	هاتف محمول
pantalla (f)	ʒihāz 'arḍ (m)	جهاز عرض
botón (m)	zirr (m)	زرّ
tarjeta SIM (f)	sim kart (m)	سيم كارت
pila (f)	baṭṭāriyya (f)	بطّارية
descargarse (vr)	χalaṣat	خلصت
cargador (m)	ʃāḥin (m)	شاحن
menú (m)	qā'ima (f)	قائمة
preferencias (f pl)	awḍā' (pl)	أوضاع
melodía (f)	naɣma (f)	نغمة
seleccionar (vt)	iχtār	إختار
calculadora (f)	'āla ḥāsiba (f)	آلة حاسبة
contestador (m)	barīd ṣawtiy (m)	بريد صوتيّ
despertador (m)	munabbih (m)	منبّه

contactos (m pl)	ʒihāt al ittiṣāl (pl)	جهات الإتّصال
mensaje (m) de texto	risāla qaṣīra ɛsɛmɛs (f)	sms رسالة قصيرة
abonado (m)	muʃtarik (m)	مشترك

46. Los artículos de escritorio. La papelería

| bolígrafo (m) | qalam ʒāf (m) | قلم جاف |
| pluma (f) estilográfica | qalam rīʃa (m) | قلم ريشة |

lápiz (m)	qalam ruṣāṣ (m)	قلم رصاص
marcador (m)	markir (m)	ماركر
rotulador (m)	qalam ҳaṭṭāṭ (m)	قلم خطاط

| bloc (m) de notas | muðakkira (f) | مذكّرة |
| agenda (f) | ʒadwal al aʻmāl (m) | جدول الأعمال |

regla (f)	masṭara (f)	مسطرة
calculadora (f)	'āla ḥāsiba (f)	آلة حاسبة
goma (f) de borrar	astīka (f)	استيكة
chincheta (f)	dabbūs (m)	دبّوس
clip (m)	dabbūs waraq (m)	دبّوس ورق

cola (f), pegamento (m)	ṣamҳ (m)	صمغ
grapadora (f)	dabbāsa (f)	دبّاسة
perforador (m)	ҳarrāma (m)	خرّامة
sacapuntas (m)	mibrāt (f)	مبراة

47. Los idiomas extranjeros

lengua (f)	luҳa (f)	لغة
extranjero (adj)	aʒnabiy	أجنبيّ
lengua (f) extranjera	luҳa aʒnabiyya (f)	لغة أجنبيّة
estudiar (vt)	daras	درس
aprender (ingles, etc.)	taʻallam	تعلّم

leer (vi, vt)	qara'	قرأ
hablar (vi, vt)	takallam	تكلّم
comprender (vt)	fahim	فهم
escribir (vt)	katab	كتب

rápidamente (adv)	bi surʻa	بسرعة
lentamente (adv)	bi buṭ'	ببطء
con fluidez (adv)	bi ṭalāqa	بطلاقة

reglas (f pl)	qawāʻid (pl)	قواعد
gramática (f)	an naḥw waṣ ṣarf (m)	النحو والصرف
vocabulario (m)	mufradāt al luҳa (pl)	مفردات اللغة
fonética (f)	ṣawtīyyāt (pl)	صوتيّات

manual (m)	kitāb ta'līm (m)	كتاب تعليم
diccionario (m)	qāmūs (m)	قاموس
manual (m) autodidáctico	kitāb ta'līm ðātiy (m)	كتاب تعليم ذاتي
guía (f) de conversación	kitāb lil 'ibārāt aʃʃā'i'a (m)	كتاب للعبارت الشائعة
casete (m)	ʃarīṭ (m)	شريط
videocasete (f)	ʃarīṭ vidiyu (m)	شريط فيديو
disco compacto, CD (m)	si di (m)	سي دي
DVD (m)	di vi di (m)	دي في دي
alfabeto (m)	alifbā' (m)	الفباء
deletrear (vt)	taha33a	تهجى
pronunciación (f)	nuṭq (m)	نطق
acento (m)	lukna (f)	لكنة
con acento	bi lukna	بلكنة
sin acento	bi dūn lukna	بدون لكنة
palabra (f)	kalima (f)	كلمة
significado (m)	ma'na (m)	معنى
cursos (m pl)	dawra (f)	دورة
inscribirse (vr)	sa33al ismahu	سجّل إسمه
profesor (m) (~ de inglés)	mudarris (m)	مدرس
traducción (f) (proceso)	tar3ama (f)	ترجمة
traducción (f) (texto)	tar3ama (f)	ترجمة
traductor (m)	mutar3im (m)	مترجم
intérprete (m)	mutar3im fawriy (m)	مترجم فوري
políglota (m)	'alīm bi 'iddat luɣāt (m)	عليم بعدّة لغات
memoria (f)	ðākira (f)	ذاكرة

LAS COMIDAS.
EL RESTAURANTE

T&P Books Publishing

48. Los cubiertos

cuchara (f)	mil'aqa (f)	ملعقة
cuchillo (m)	sikkīn (m)	سكّين
tenedor (m)	ʃawka (f)	شوكة
taza (f)	finʒān (m)	فنجان
plato (m)	ṭabaq (m)	طبق
platillo (m)	ṭabaq finʒān (m)	طبق فنجان
servilleta (f)	mandīl (m)	منديل
mondadientes (m)	xallat asnān (f)	خلّة أسنان

49. El restaurante

restaurante (m)	maṭ'am (m)	مطعم
cafetería (f)	kafé (m), maqha (m)	كافيه، مقهى
bar (m)	bār (m)	بار
salón (m) de té	ṣālun ʃāy (m)	صالون شاي
camarero (m)	nādil (m)	نادل
camarera (f)	nādila (f)	نادلة
barman (m)	bārman (m)	بارمان
carta (f), menú (m)	qā'imat aṭ ṭa'ām (f)	قائمة طعام
carta (f) de vinos	qā'imat al xumūr (f)	قائمة خمور
reservar una mesa	ḥaʒaz mā'ida	حجز مائدة
plato (m)	waʒba (f)	وجبة
pedir (vt)	ṭalab	طلب
hacer un pedido	ṭalab	طلب
aperitivo (m)	ʃarāb (m)	شراب
entremés (m)	muqabbilāt (pl)	مقبّلات
postre (m)	ḥalawiyyāt (pl)	حلويات
cuenta (f)	ḥisāb (m)	حساب
pagar la cuenta	dafa' al ḥisāb	دفع الحساب
dar la vuelta	a'ṭa al bāqi	أعطى الباقي
propina (f)	baqʃīʃ (m)	بقشيش

50. Las comidas

comida (f)	akl (m)	أكل
comer (vi, vt)	akal	أكل

desayuno (m)	fuṭūr (m)	فطور
desayunar (vi)	afṭar	أفطر
almuerzo (m)	ɣadā' (m)	غداء
almorzar (vi)	taɣadda	تغدّى
cena (f)	ʿaʃā' (m)	عشاء
cenar (vi)	taʿaʃʃa	تعشّى

apetito (m)	ʃahiyya (f)	شهيّة
¡Que aproveche!	hanī'an marī'an!	هنيئًا مريئًا!

abrir (vt)	fataḥ	فتح
derramar (líquido)	dalaq	دلق
derramarse (líquido)	indalaq	إندلق

hervir (vi)	ɣala	غلى
hervir (vt)	ɣala	غلى
hervido (agua ~a)	maɣliy	مغليّ
enfriar (vt)	barrad	برّد
enfriarse (vr)	tabarrad	تبرّد

sabor (m)	ṭaʿm (m)	طعم
regusto (m)	al maðāq al ʿāliq fil fam (m)	المذاق العالق فى الفم

adelgazar (vi)	faqad al wazn	فقد الوزن
dieta (f)	ḥimya ɣaðā'iyya (f)	حمية غذائية
vitamina (f)	vitamīn (m)	فيتامين
caloría (f)	suʿra ḥarāriyya (f)	سعرة حراريّة
vegetariano (m)	nabātiy (m)	نباتيّ
vegetariano (adj)	nabātiy	نباتيّ

grasas (f pl)	duhūn (pl)	دهون
proteínas (f pl)	brutināt (pl)	بروتينات
carbohidratos (m pl)	naʃawiyyāt (pl)	نشويّات
loncha (f)	ʃarīḥa (f)	شريحة
pedazo (m)	qiṭʿa (f)	قطعة
miga (f)	futāta (f)	فتاتة

51. Los platos

plato (m)	waʒba (f)	وجبة
cocina (f)	maṭbaχ (m)	مطبخ
receta (f)	waṣfa (f)	وصفة
porción (f)	waʒba (f)	وجبة

ensalada (f)	sulṭa (f)	سلطة
sopa (f)	ʃūrba (f)	شوربة

caldo (m)	maraq (m)	مرق
bocadillo (m)	sandawitʃ (m)	ساندويتش
huevos (m pl) fritos	bayḍ maqliy (m)	بيض مقليّ

hamburguesa (f)	hamburger (m)	هامبورجر
bistec (m)	biftīk (m)	بفتيك
guarnición (f)	ṭabaq ǧānibiy (m)	طبق جانبيّ
espagueti (m)	spayitti (m)	سباغيتي
puré (m) de patatas	harīs baṭāṭis (m)	هريس بطاطس
pizza (f)	bītza (f)	بيتزا
gachas (f pl)	'aṣīda (f)	عصيدة
tortilla (f) francesa	bayḍ maxfūq (m)	بيض مخفوق
cocido en agua (adj)	maslūq	مسلوق
ahumado (adj)	mudaxxin	مدخّن
frito (adj)	maqliy	مقليّ
seco (adj)	muǧaffaf	مجفّف
congelado (adj)	muǧammad	مجمّد
marinado (adj)	muxallil	مخلّل
azucarado, dulce (adj)	musakkar	مسكّر
salado (adj)	māliḥ	مالح
frío (adj)	bārid	بارد
caliente (adj)	sāxin	ساخن
amargo (adj)	murr	مرّ
sabroso (adj)	laðīð	لذيذ
cocer en agua	ṭabax	طبخ
preparar (la cena)	ḥaḍḍar	حضّر
freír (vt)	qala	قلي
calentar (vt)	saxxan	سخّن
salar (vt)	mallaḥ	ملّح
poner pimienta	falfal	فلفل
rallar (vt)	baʃar	بشر
piel (f)	qiʃra (f)	قشرة
pelar (vt)	qaʃʃar	قشّر

52. La comida

carne (f)	laḥm (m)	لحم
gallina (f)	daǧāǧ (m)	دجاج
pollo (m)	farrūǧ (m)	فرّوج
pato (m)	baṭṭa (f)	بطّة
ganso (m)	iwazza (f)	إوزّة
caza (f) menor	ṣayd (m)	صيد
pava (f)	daǧāǧ rūmiy (m)	دجاج رومي
carne (f) de cerdo	lahm al xinzīr (m)	لحم الخنزير
carne (f) de ternera	laḥm il 'iǧl (m)	لحم العجل
carne (f) de carnero	laḥm aḍ ḍa'n (m)	لحم الضأن
carne (f) de vaca	laḥm al baqar (m)	لحم البقر
conejo (m)	arnab (m)	أرنب

salchichón (m)	suʒuq (m)	سجق
salchicha (f)	suʒuq (m)	سجق
beicon (m)	bikūn (m)	بيكون
jamón (m)	hām (m)	هام
jamón (m) fresco	faχð χinzīr (m)	فخذ خنزير
paté (m)	maʿʒūn laḥm (m)	معجون لحم
hígado (m)	kibda (f)	كبدة
carne (f) picada	ḥaʃwa (f)	حشوة
lengua (f)	lisān (m)	لسان
huevo (m)	bayḍa (f)	بيضة
huevos (m pl)	bayḍ (m)	بيض
clara (f)	bayāḍ al bayḍ (m)	بياض البيض
yema (f)	ṣafār al bayḍ (m)	صفار البيض
pescado (m)	samak (m)	سمك
mariscos (m pl)	fawākih al baḥr (pl)	فواكه البحر
caviar (m)	kaviyār (m)	كافيار
cangrejo (m) de mar	salṭaʿūn (m)	سلطعون
camarón (m)	ʒambari (m)	جمبري
ostra (f)	maḥār (m)	محار
langosta (f)	karkand ʃāik (m)	كركند شائك
pulpo (m)	uχṭubūṭ (m)	أخطبوط
calamar (m)	kalmāri (m)	كالماري
esturión (m)	samak al ḥafʃ (m)	سمك الحفش
salmón (m)	salmūn (m)	سلمون
fletán (m)	samak al halbūt (m)	سمك الهلبوت
bacalao (m)	samak al qudd (m)	سمك القدّ
caballa (f)	usqumriy (m)	أسقمريّ
atún (m)	tūna (f)	تونة
anguila (f)	ḥankalīs (m)	حنكليس
trucha (f)	salmūn muraqqaṭ (m)	سلمون مرقّط
sardina (f)	sardīn (m)	سردين
lucio (m)	samak al karāki (m)	سمك الكراكي
arenque (m)	rinʒa (f)	رنجة
pan (m)	χubz (m)	خبز
queso (m)	ʒubna (f)	جبنة
azúcar (m)	sukkar (m)	سكّر
sal (f)	milḥ (m)	ملح
arroz (m)	urz (m)	أرز
macarrones (m pl)	makarūna (f)	مكرونة
tallarines (m pl)	nūdlis (f)	نودلز
mantequilla (f)	zubda (f)	زبدة
aceite (m) vegetal	zayt (m)	زيت

aceite (m) de girasol	zayt 'abīd aʃ ʃams (m)	زيت عبيد الشمس
margarina (f)	marɣarīn (m)	مرغرين
olivas, aceitunas (f pl)	zaytūn (m)	زيتون
aceite (m) de oliva	zayt az zaytūn (m)	زيت الزيتون
leche (f)	ḥalīb (m)	حليب
leche (f) condensada	ḥalīb mukaθθaf (m)	حليب مكثّف
yogur (m)	yūɣurt (m)	يوغورت
nata (f) agria	krīma ḥāmiḍa (f)	كريمة حامضة
nata (f) líquida	krīma (f)	كريمة
mayonesa (f)	mayunīz (m)	مايونيز
crema (f) de mantequilla	krīmat zubda (f)	كريمة زبدة
cereales (m pl) integrales	ḥubūb (pl)	حبوب
harina (f)	daqīq (m)	دقيق
conservas (f pl)	mu'allabāt (pl)	معلّبات
copos (m pl) de maíz	kurn fliks (m)	كورن فليكس
miel (f)	'asal (m)	عسل
confitura (f)	murabba (m)	مربّى
chicle (m)	'ilk (m)	علك

53. Las bebidas

agua (f)	mā' (m)	ماء
agua (f) potable	mā' ʃurb (m)	ماء شرب
agua (f) mineral	mā' ma'daniy (m)	ماء معدنيّ
sin gas	bi dūn ɣāz	بدون غاز
gaseoso (adj)	mukarban	مكربن
con gas	bil ɣāz	بالغاز
hielo (m)	θalʒ (m)	ثلج
con hielo	biθ θalʒ	بالثلج
sin alcohol	bi dūn kuḥūl	بدون كحول
bebida (f) sin alcohol	maʃrūb ɣāziy (m)	مشروب غازي
refresco (m)	maʃrūb muθallaʒ (m)	مشروب مثلّج
limonada (f)	ʃarāb laymūn (m)	شراب ليمون
bebidas (f pl) alcohólicas	maʃrūbāt kuḥūliyya (pl)	مشروبات كحوليّة
vino (m)	nabīð (f)	نبيذ
vino (m) blanco	nibīð abyaḍ (m)	نبيذ أبيض
vino (m) tinto	nabīð aḥmar (m)	نبيذ أحمر
licor (m)	liqiūr (m)	ليكيور
champaña (f)	ʃambāniya (f)	شمبانيا
vermú (m)	virmut (m)	فيرموث
whisky (m)	wiski (m)	وسكي

vodka (m)	vudka (f)	فودكا
ginebra (f)	ʒīn (m)	جين
coñac (m)	kunyāk (m)	كونياك
ron (m)	rum (m)	رم

café (m)	qahwa (f)	قهوة
café (m) solo	qahwa sāda (f)	قهوة سادة
café (m) con leche	qahwa bil ḥalīb (f)	قهوة بالحليب
capuchino (m)	kaputʃīnu (m)	كابتشينو
café (m) soluble	niskafi (m)	نيسكافيه

leche (f)	ḥalīb (m)	حليب
cóctel (m)	kuktayl (m)	كوكتيل
batido (m)	milk ʃiyk (m)	ميلك شيك

zumo (m), jugo (m)	ʿaṣīr (m)	عصير
jugo (m) de tomate	ʿaṣīr ṭamāṭim (m)	عصير طماطم
zumo (m) de naranja	ʿaṣīr burtuqāl (m)	عصير برتقال
zumo (m) fresco	ʿaṣīr ṭāziʒ (m)	عصير طازج

cerveza (f)	bīra (f)	بيرة
cerveza (f) rubia	bīra xafīfa (f)	بيرة خفيفة
cerveza (f) negra	bīra ɣāmiqa (f)	بيرة غامقة

té (m)	ʃāy (m)	شاي
té (m) negro	ʃāy aswad (m)	شاي أسود
té (m) verde	ʃāy axḍar (m)	شاي أخضر

54. Las verduras

legumbres (f pl)	xuḍār (pl)	خضار
verduras (f pl)	xuḍrawāt waraqiyya (pl)	خضروات ورقيّة

tomate (m)	ṭamāṭim (f)	طماطم
pepino (m)	xiyār (m)	خيار
zanahoria (f)	ʒazar (m)	جزر
patata (f)	baṭāṭis (f)	بطاطس
cebolla (f)	baṣal (m)	بصل
ajo (m)	θūm (m)	ثوم

col (f)	kurumb (m)	كرنب
coliflor (f)	qarnabīṭ (m)	قرنبيط
col (f) de Bruselas	kurumb brūksil (m)	كرنب بروكسل
brócoli (m)	brukuli (m)	بركولي

remolacha (f)	banʒar (m)	بنجر
berenjena (f)	bātinʒān (m)	باذنجان
calabacín (m)	kūsa (f)	كوسة
calabaza (f)	qarʿ (m)	قرع
nabo (m)	lift (m)	لفت

perejil (m)	baqdūnis (m)	بقدونس
eneldo (m)	ʃabat (m)	شبت
lechuga (f)	χass (m)	خسّ
apio (m)	karafs (m)	كرفس
espárrago (m)	halyūn (m)	هليون
espinaca (f)	sabāniχ (m)	سبانخ
guisante (m)	bisilla (f)	بسلّة
habas (f pl)	fūl (m)	فول
maíz (m)	ðura (f)	ذرّة
fréjol (m)	faṣūliya (f)	فاصوليا
pimiento (m) dulce	filfil (m)	فلفل
rábano (m)	fiʒl (m)	فجل
alcachofa (f)	χurʃūf (m)	خرشوف

55. Las frutas. Las nueces

fruto (m)	fākiha (f)	فاكهة
manzana (f)	tuffāḥa (f)	تفّاحة
pera (f)	kummaθra (f)	كمّثرى
limón (m)	laymūn (m)	ليمون
naranja (f)	burtuqāl (m)	برتقال
fresa (f)	farawla (f)	فراولة
mandarina (f)	yūsufiy (m)	يوسفي
ciruela (f)	barqūq (m)	برقوق
melocotón (m)	durrāq (m)	دراق
albaricoque (m)	miʃmiʃ (f)	مشمش
frambuesa (f)	tūt al ʿullayq al aḥmar (m)	توت العلّيق الأحمر
piña (f)	ananās (m)	أناناس
banana (f)	mawz (m)	موز
sandía (f)	baṭṭīχ aḥmar (m)	بطّيخ أحمر
uva (f)	ʿinab (m)	عنب
guinda (f), cereza (f)	karaz (m)	كرز
melón (m)	baṭṭīχ aṣfar (f)	بطّيخ أصفر
pomelo (m)	zinbāʿ (m)	زنباع
aguacate (m)	avukādu (f)	افوكاتو
papaya (f)	babāya (m)	بابايا
mango (m)	mangu (m)	مانجو
granada (f)	rummān (m)	رمان
grosella (f) roja	kiʃmiʃ aḥmar (m)	كشمش أحمر
grosella (f) negra	ʿinab aθ θaʿlab al aswad (m)	عنب الثعلب الأسود
grosella (f) espinosa	ʿinab aθ θaʿlab (m)	عنب الثعلب
arándano (m)	ʿinab al aḥrāʒ (m)	عنب الأحراج
zarzamoras (f pl)	θamar al ʿullayk (m)	ثمر العلّيق

pasas (f pl)	zabīb (m)	زبيب
higo (m)	tīn (m)	تين
dátil (m)	tamr (m)	تمر
cacahuete (m)	fūl sudāniy (m)	فول سودانيّ
almendra (f)	lawz (m)	لوز
nuez (f)	'ayn al ʒamal (f)	عين الجمل
avellana (f)	bunduq (m)	بندق
nuez (f) de coco	ʒawz al hind (m)	جوز هند
pistachos (m pl)	fustuq (m)	فستق

56. El pan. Los dulces

pasteles (m pl)	ḥalawiyyāt (pl)	حلويّات
pan (m)	xubz (m)	خبز
galletas (f pl)	baskawīt (m)	بسكويت
chocolate (m)	ʃukulāta (f)	شكولاتة
de chocolate (adj)	biʃ ʃukulāṭa	بالشكولاتة
caramelo (m)	bumbūn (m)	بونبون
tarta (f) (pequeña)	ka'k (m)	كعك
tarta (f) (~ de cumpleaños)	tūrta (f)	تورتة
tarta (f) (~ de manzana)	faṭīra (f)	فطيرة
relleno (m)	ḥaʃwa (f)	حشوة
confitura (f)	murabba (m)	مربّى
mermelada (f)	marmalād (f)	مرملاد
gofre (m)	wāfil (m)	وافل
helado (m)	muθallaʒāt (pl)	مثلّجات
pudin (m)	būding (m)	بودنج

57. Las especias

sal (f)	milḥ (m)	ملح
salado (adj)	māliḥ	مالح
salar (vt)	mallaḥ	ملّح
pimienta (f) negra	filfil aswad (m)	فلفل أسود
pimienta (f) roja	filfil aḥmar (m)	فلفل أحمر
mostaza (f)	ṣalṣat al xardal (f)	صلصة الخردل
rábano (m) picante	fiʒl ḥārr (m)	فجل حارّ
condimento (m)	tābil (m)	تابل
especia (f)	bahār (m)	بهار
salsa (f)	ṣalṣa (f)	صلصة
vinagre (m)	xall (m)	خلّ
anís (m)	yānsūn (m)	يانسون

albahaca (f)	rīḥān (m)	ريحان
clavo (m)	qurumful (m)	قرنفل
jengibre (m)	zanȝabīl (m)	زنجبيل
cilantro (m)	kuzbara (f)	كزبرة
canela (f)	qirfa (f)	قرفة
sésamo (m)	simsim (m)	سمسم
hoja (f) de laurel	awrāq al ɣār (pl)	أوراق الغار
paprika (f)	babrika (f)	بابريكا
comino (m)	karāwiya (f)	كراوية
azafrán (m)	zaʿfarān (m)	زعفران

T&P BOOKS

LA INFORMACIÓN PERSONAL. PERSONAL. LA FAMILIA

T&P Books Publishing

58. La información personal. Los formularios

nombre (m)	ism (m)	إسم
apellido (m)	ism al 'ā'ila (m)	إسم العائلة
fecha (f) de nacimiento	tarīx al mīlād (m)	تاريخ الميلاد
lugar (m) de nacimiento	makān al mīlād (m)	مكان الميلاد
nacionalidad (f)	ʒinsiyya (f)	جنسية
domicilio (m)	maqarr al iqāma (m)	مقر الإقامة
país (m)	balad (m)	بلد
profesión (f)	mihna (f)	مهنة
sexo (m)	ʒins (m)	جنس
estatura (f)	ṭūl (m)	طول
peso (m)	wazn (m)	وزن

59. Los familiares. Los parientes

madre (f)	umm (f)	أُمّ
padre (m)	ab (m)	أب
hijo (m)	ibn (m)	إبن
hija (f)	ibna (f)	إبنة
hija (f) menor	al ibna aṣ ṣayīra (f)	الإبنة الصغيرة
hijo (m) menor	al ibn aṣ ṣayīr (m)	الابن الصغير
hija (f) mayor	al ibna al kabīra (f)	الإبنة الكبيرة
hijo (m) mayor	al ibn al kabīr (m)	الإبن الكبير
hermano (m)	ax (m)	أخ
hermano (m) mayor	al ax al kabīr (m)	الأخ الكبير
hermano (m) menor	al ax aṣ ṣayīr (m)	الأخ الصغير
hermana (f)	uxt (f)	أخت
hermana (f) mayor	al uxt al kabīra (f)	الأخت الكبيرة
hermana (f) menor	al uxt aṣ ṣayīra (f)	الأخت الصغيرة
primo (m)	ibn 'amm (m), ibn xāl (m)	إبن عمّ، إبن خال
prima (f)	ibnat 'amm (f), ibnat xāl (f)	إبنة عمّ، إبنة خال
mamá (f)	mama (f)	ماما
papá (m)	baba (m)	بابا
padres (pl)	wālidān (du)	والدان
niño -a (m, f)	ṭifl (m)	طفل
niños (pl)	aṭfāl (pl)	أطفال
abuela (f)	ʒidda (f)	جدّة
abuelo (m)	ʒadd (m)	جدّ

nieto (m)	ḥafīd (m)	حفيد
nieta (f)	ḥafīda (f)	حفيدة
nietos (pl)	aḥfād (pl)	أحفاد
tío (m)	'amm (m), χāl (m)	عم، خال
tía (f)	'amma (f), χāla (f)	عمة، خالة
sobrino (m)	ibn al aχ (m), ibn al uχt (m)	إبن الأخ، إبن الأخت
sobrina (f)	ibnat al aχ (f), ibnat al uχt (f)	إبنة الأخ، إبنة الأخت
suegra (f)	ḥamātt (f)	حماة
suegro (m)	ḥamm (m)	حم
yerno (m)	zawʒ al ibna (m)	زوج الأبنة
madrastra (f)	zawʒat al ab (f)	زوجة الأب
padrastro (m)	zawʒ al umm (m)	زوج الأمّ
niño (m) de pecho	ṭifl raḍī' (m)	طفل رضيع
bebé (m)	mawlūd (m)	مولود
chico (m)	walad ṣaɣīr (m)	ولد صغير
mujer (f)	zawʒa (f)	زوجة
marido (m)	zawʒ (m)	زوج
esposo (m)	zawʒ (m)	زوج
esposa (f)	zawʒa (f)	زوجة
casado (adj)	mutazawwiʒ	متزوّج
casada (adj)	mutazawwiʒa	متزوجة
soltero (adj)	a'zab	أعزب
soltero (m)	a'zab (m)	أعزب
divorciado (adj)	muṭallaq (m)	مطلق
viuda (f)	armala (f)	أرملة
viudo (m)	armal (m)	أرمل
pariente (m)	qarīb (m)	قريب
pariente (m) cercano	nasīb qarīb (m)	نسيب قريب
pariente (m) lejano	nasīb ba'īd (m)	نسيب بعيد
parientes (pl)	aqārib (pl)	أقارب
huérfano (m), huérfana (f)	yatīm (m)	يتيم
tutor (m)	waliyy amr (m)	ولي أمر
adoptar (un niño)	tabanna	تبنى
adoptar (una niña)	tabanna	تبنى

60. Los amigos. Los compañeros del trabajo

amigo (m)	ṣadīq (m)	صديق
amiga (f)	ṣadīqa (f)	صديقة
amistad (f)	ṣadāqa (f)	صداقة
ser amigo	ṣādaq	صادق
amigote (m)	ṣāḥib (m)	صاحب
amiguete (f)	ṣaḥiba (f)	صاحبة

compañero (m)	rafīq (m)	رفيق
jefe (m)	raʾīs (m)	رئيس
superior (m)	raʾīs (m)	رئيس
propietario (m)	ṣāḥib (m)	صاحب
subordinado (m)	tābiʿ (m)	تابع
colega (m, f)	zamīl (m)	زميل

conocido (m)	maʿruf (m)	معروف
compañero (m) de viaje	rafīq safar (m)	رفيق سفر
condiscípulo (m)	zamīl fiṣ ṣaff (m)	زميل في الصفّ

vecino (m)	ӡār (m)	جار
vecina (f)	ӡāra (f)	جارة
vecinos (pl)	ӡirān (pl)	جيران

EL CUERPO. LA MEDICINA

T&P Books Publishing

61. La cabeza

cabeza (f)	ra's (m)	رأس
cara (f)	waʒh (m)	وجه
nariz (f)	anf (m)	أنف
boca (f)	fam (m)	فم
ojo (m)	ʿayn (f)	عين
ojos (m pl)	ʿuyūn (pl)	عيون
pupila (f)	ḥadaqa (f)	حدقة
ceja (f)	ḥāʒib (m)	حاجب
pestaña (f)	rimʃ (m)	رمش
párpado (m)	ʒafn (m)	جفن
lengua (f)	lisān (m)	لسان
diente (m)	sinn (f)	سنّ
labios (m pl)	ʃifāh (pl)	شفاه
pómulos (m pl)	ʿiẓām waʒhiyya (pl)	عظام وجهيّة
encía (f)	liθθa (f)	لثّة
paladar (m)	ḥanak (m)	حنك
ventanas (f pl)	minxarān (du)	منخران
mentón (m)	ðaqan (m)	ذقن
mandíbula (f)	fakk (m)	فكّ
mejilla (f)	xadd (m)	خدّ
frente (f)	ʒabha (f)	جبهة
sien (f)	ṣudɣ (m)	صدغ
oreja (f)	uðun (f)	أذن
nuca (f)	qafa (m)	قفا
cuello (m)	raqaba (f)	رقبة
garganta (f)	ḥalq (m)	حلق
pelo, cabello (m)	ʃaʿr (m)	شعر
peinado (m)	tasrīḥa (f)	تسريحة
corte (m) de pelo	tasrīḥa (f)	تسريحة
peluca (f)	barūka (f)	باروكة
bigote (m)	ʃawārib (pl)	شوارب
barba (f)	liḥya (f)	لحية
tener (~ la barba)	ʿindahu	عنده
trenza (f)	ḍifira (f)	ضفيرة
patillas (f pl)	sawālif (pl)	سوالف
pelirrojo (adj)	aḥmar aʃ ʃaʿr	أحمر الشعر
gris, canoso (adj)	abyaḍ	أبيض

| calvo (adj) | aşla‘ | أصلع |
| calva (f) | şala‘ (m) | صلع |

| cola (f) de caballo | ðayl ḥişān (m) | ذيل حصان |
| flequillo (m) | quşşa (f) | قصّة |

62. El cuerpo

| mano (f) | yad (m) | يد |
| brazo (m) | ðirā‘ (f) | ذراع |

dedo (m)	işba‘ (m)	إصبع
dedo (m) del pie	işba‘ al qadam (m)	إصبع القدم
dedo (m) pulgar	ibhām (m)	إبهام
dedo (m) meñique	χunşur (m)	خنصر
uña (f)	ẓufr (m)	ظفر

puño (m)	qabḍa (f)	قبضة
palma (f)	kaff (f)	كفّ
muñeca (f)	mi‘şam (m)	معصم
antebrazo (m)	sā‘id (m)	ساعد
codo (m)	mirfaq (m)	مرفق
hombro (m)	katf (f)	كتف

pierna (f)	riʒl (f)	رجل
planta (f)	qadam (f)	قدم
rodilla (f)	rukba (f)	ركبة
pantorrilla (f)	sammāna (f)	سمّانة

| cadera (f) | faχð (f) | فخذ |
| talón (m) | ‘aqb (m) | عقب |

cuerpo (m)	ʒism (m)	جسم
vientre (m)	baṭn (m)	بطن
pecho (m)	şadr (m)	صدر
seno (m)	θady (m)	ثدي
lado (m), costado (m)	ʒamb (m)	جنب
espalda (f)	ẓahr (m)	ظهر

| zona (f) lumbar | asfal aẓ ẓahr (m) | أسفل الظهر |
| cintura (f), talle (m) | χaşr (m) | خصر |

ombligo (m)	surra (f)	سرّة
nalgas (f pl)	ardāf (pl)	أرداف
trasero (m)	dubr (m)	دبر

lunar (m)	ʃāma (f)	شامة
marca (f) de nacimiento	waḥma	وحمة
tatuaje (m)	waʃm (m)	وشم
cicatriz (f)	nadba (f)	ندبة

63. Las enfermedades

enfermedad (f)	maraḍ (m)	مرض
estar enfermo	maraḍ	مرض
salud (f)	ṣiḥḥa (f)	صحّة
resfriado (m) (coriza)	zukām (m)	زكام
angina (f)	iltihāb al lawzatayn (m)	التهاب اللوزتين
resfriado (m)	bard (m)	برد
resfriarse (vr)	aṣābahu al bard	أصابه البرد
bronquitis (f)	iltihāb al qaṣabāt (m)	إلتهاب القصبات
pulmonía (f)	iltihāb ar ri'atayn (m)	إلتهاب الرئتين
gripe (f)	inflūnza (f)	إنفلونزا
miope (adj)	qaṣīr an naẓar	قصير النظر
présbita (adj)	ba'īd an naẓar	بعيد النظر
estrabismo (m)	ḥawal (m)	حول
estrábico (m) (adj)	aḥwal	أحول
catarata (f)	katarakt (f)	كاتاراكت
glaucoma (m)	glawkūma (f)	جلوكوما
insulto (m)	sakta (f)	سكتة
ataque (m) cardiaco	iḥtijā' (m)	إحتشاء
infarto (m) de miocardio	nawba qalbiya (f)	نوبة قلبية
parálisis (f)	ʃalal (m)	شلل
paralizar (vt)	ʃall	شلّ
alergia (f)	ḥassāsiyya (f)	حسّاسيّة
asma (f)	rabw (m)	ربو
diabetes (f)	ad dā' as sukkariy (m)	الداء السكّريّ
dolor (m) de muelas	alam al asnān (m)	ألم الأسنان
caries (f)	naχar al asnān (m)	نخر الأسنان
diarrea (f)	ishāl (m)	إسهال
estreñimiento (m)	imsāk (m)	إمساك
molestia (f) estomacal	'usr al haḍm (m)	عسر الهضم
envenenamiento (m)	tasammum (m)	تسمّم
envenenarse (vr)	tasammam	تسمّم
artritis (f)	iltihāb al mafāṣil (m)	إلتهاب المفاصل
raquitismo (m)	kusāḥ al aṭfāl (m)	كساح الأطفال
reumatismo (m)	riumatizm (m)	روماتزم
ateroesclerosis (f)	taṣṣallub aʃ ʃarayīn (m)	تصلّب الشرايين
gastritis (f)	iltihāb al ma'ida (m)	إلتهاب المعدة
apendicitis (f)	iltihāb az zā'ida ad dūdiyya (m)	إلتهاب الزائدة الدوديّة
colecistitis (f)	iltihāb al marāra (m)	إلتهاب المرارة
úlcera (f)	qurḥa (f)	قرحة

sarampión (m)	maraḍ al ḥaṣba (m)	مرض الحصبة
rubeola (f)	ḥaṣba almāniyya (f)	حصبة ألمانية
ictericia (f)	yaraqān (m)	يرقان
hepatitis (f)	iltihāb al kabd al vayrūsiy (m)	إلتهاب الكبد الفيروسيّ

esquizofrenia (f)	ʃizufrīniya (f)	شيزوفرينيا
rabia (f) (hidrofobia)	dāʾ al kalb (m)	داء الكلب
neurosis (f)	ʿiṣāb (m)	عصاب
conmoción (f) cerebral	irtiʒāʒ al muχχ (m)	إرتجاج المخ

cáncer (m)	saraṭān (m)	سرطان
esclerosis (f)	taṣṣallub (m)	تصلب
esclerosis (m) múltiple	taṣṣallub mutaʿaddid (m)	تصلب متعدد

alcoholismo (m)	idmān al χamr (m)	إدمان الخمر
alcohólico (m)	mudmin al χamr (m)	مدمن الخمر
sífilis (f)	sifilis az zuhariy (m)	سفلس الزهري
SIDA (m)	al aydz (m)	الايدز

tumor (m)	waram (m)	ورم
maligno (adj)	χabīθ	خبيث
benigno (adj)	ḥamīd (m)	حميد

fiebre (f)	ḥumma (f)	حمّى
malaria (f)	malāriya (f)	ملاريا
gangrena (f)	ɣanɣrīna (f)	غنغرينا
mareo (m)	duwār al baḥr (m)	دوار البحر
epilepsia (f)	maraḍ aṣ ṣarʿ (m)	مرض الصرع

epidemia (f)	wabāʾ (m)	وباء
tifus (m)	tīfus (m)	تيفوس
tuberculosis (f)	maraḍ as sull (m)	مرض السلّ
cólera (f)	kulīra (f)	كوليرا
peste (f)	ṭāʿūn (m)	طاعون

64. Los síntomas. Los tratamientos. Unidad 1

síntoma (m)	ʿaraḍ (m)	عرض
temperatura (f)	ḥarāra (f)	حرارة
fiebre (f)	ḥumma (f)	حمّى
pulso (m)	nabḍ (m)	نبض

mareo (m) (vértigo)	dawχa (f)	دوخة
caliente (adj)	ḥārr	حارّ
escalofrío (m)	nafaḍān (m)	نفضان
pálido (adj)	aṣfar	أصفر

tos (f)	suʿāl (m)	سعال
toser (vi)	saʿal	سعل

estornudar (vi)	ʽaṭas	عطس
desmayo (m)	iɣmā' (m)	إغماء
desmayarse (vr)	ɣumiya ʽalayh	غمي عليه

moradura (f)	kadma (f)	كدمة
chichón (m)	tawarrum (m)	تورّم
golpearse (vr)	iṣtadam	إصطدم
magulladura (f)	raḍḍ (m)	رضّ
magullarse (vr)	taraḍḍaḍ	ترضّض

cojear (vi)	ʽaraʒ	عرج
dislocación (f)	χalʽ (m)	خلع
dislocar (vt)	χalaʽ	خلع
fractura (f)	kasr (m)	كسر
tener una fractura	inkasar	إنكسر

corte (m) (tajo)	ʒurḥ (m)	جرح
cortarse (vr)	ʒaraḥ nafsah	جرح نفسه
hemorragia (f)	nazf (m)	نزف

| quemadura (f) | ḥarq (m) | حرق |
| quemarse (vr) | taʃayyat | تشيّط |

pincharse (~ el dedo)	waχaz	وخز
pincharse (vr)	waχaz nafsah	وخز نفسه
herir (vt)	aṣāb	أصاب
herida (f)	iṣāba (f)	إصابة
lesión (f) (herida)	ʒurḥ (m)	جرح
trauma (m)	ṣadma (f)	صدمة

delirar (vi)	haða	هذى
tartamudear (vi)	talaʽsam	تلعثم
insolación (f)	ḍarbat ʃams (f)	ضربة شمس

65. Los síntomas. Los tratamientos. Unidad 2

| dolor (m) | alam (m) | ألم |
| astilla (f) | ʃaẓiyya (f) | شظيّة |

sudor (m)	ʽirq (m)	عرق
sudar (vi)	ʽariq	عرق
vómito (m)	taqayyuʽ (m)	تقيّؤ
convulsiones (f pl)	taʃannuʒāt (pl)	تشنّجات

embarazada (adj)	ḥāmil	حامل
nacer (vi)	wulid	وُلد
parto (m)	wilāda (f)	ولادة
dar a luz	walad	ولد
aborto (m)	iʒhāḍ (m)	إجهاض
respiración (f)	tanaffus (m)	تنفّس

inspiración (f)	istinʃāq (m)	إستنشاق
espiración (f)	zafīr (m)	زفير
espirar (vi)	zafar	زفر
inspirar (vi)	istanʃaq	إستنشق
inválido (m)	muʿāq (m)	معاق
mutilado (m)	muqʿad (m)	مقعد
drogadicto (m)	mudmin muxaddirāt (m)	مدمن مخدّرات
sordo (adj)	aṭraʃ	أطرش
mudo (adj)	axras	أخرس
sordomudo (adj)	aṭraʃ axras	أطرش أخرس
loco (adj)	maʒnūn	مجنون
loco (m)	maʒnūn (m)	مجنون
loca (f)	maʒnūna (f)	مجنونة
volverse loco	ʒunn	جُنّ
gen (m)	ʒīn (m)	جين
inmunidad (f)	manāʿa (f)	مناعة
hereditario (adj)	wirāθiy	وراثيّ
de nacimiento (adj)	xilqiy munð al wilāda	خلقيّ منذ الولادة
virus (m)	virūs (m)	فيروس
microbio (m)	mikrūb (m)	ميكروب
bacteria (f)	ʒurθūma (f)	جرثومة
infección (f)	ʿadwa (f)	عدوى

66. Los síntomas. Los tratamientos. Unidad 3

hospital (m)	mustaʃfa (m)	مستشفى
paciente (m)	marīḍ (m)	مريض
diagnosis (f)	taʃxīṣ (m)	تشخيص
cura (f)	ʿilāʒ (m)	علاج
tratamiento (m)	ʿilāʒ (m)	علاج
curarse (vr)	taʿālaʒ	تعالج
tratar (vt)	ʿālaʒ	عالج
cuidar (a un enfermo)	marraḍ	مرّض
cuidados (m pl)	ʿināya (f)	عناية
operación (f)	ʿamaliyya ʒaraḥiyya (f)	عمليّة جرحيّة
vendar (vt)	ḍammad	ضمّد
vendaje (m)	taḍmīd (m)	تضميد
vacunación (f)	talqīḥ (m)	تلقيح
vacunar (vt)	laqqaḥ	لقّح
inyección (f)	ḥuqna (f)	حقنة
aplicar una inyección	ḥaqan ibra	حقن إبرة
ataque (m)	nawba (f)	نوبة

amputación (f)	batr (m)	بتر
amputar (vt)	batar	بتر
coma (m)	ɣaybūba (f)	غيبوبة
estar en coma	kān fi ḥālat ɣaybūba	كان في حالة غيبوبة
revitalización (f)	al ʿināya al murakkaza (f)	العناية المركزة

recuperarse (vr)	ʃufiy	شفي
estado (m) (de salud)	ḥāla (f)	حالة
consciencia (f)	waʿy (m)	وعي
memoria (f)	ðākira (f)	ذاكرة

extraer (un diente)	xalaʿ	خلع
empaste (m)	ḥaʃw (m)	حشو
empastar (vt)	ḥaʃa	حشا

hipnosis (f)	at tanwīm al maɣnaṭīsiy (m)	التنويم المغناطيسيّ
hipnotizar (vt)	nawwam	نوّم

67. La medicina. Las drogas. Los accesorios

medicamento (m), droga (f)	dawāʾ (m)	دواء
remedio (m)	ʿilāʒ (m)	علاج
prescribir (vt)	waṣaf	وصف
receta (f)	waṣfa (f)	وصفة

tableta (f)	qurṣ (m)	قرص
ungüento (m)	marham (m)	مرهم
ampolla (f)	ambūla (f)	أمبولة
mixtura (f), mezcla (f)	dawāʾ ʃarāb (m)	دواء شراب
sirope (m)	ʃarāb (m)	شراب
píldora (f)	ḥabba (f)	حبّة
polvo (m)	ðarūr (m)	ذرور

venda (f)	ḍammāda (f)	ضمادة
algodón (m) (discos de ~)	quṭn (m)	قطن
yodo (m)	yūd (m)	يود

tirita (f), curita (f)	blāstir (m)	بلاستر
pipeta (f)	māṣṣat al bastara (f)	ماصّة البسترة
termómetro (m)	tirmūmitr (ni)	ترمومتر
jeringa (f)	miḥqana (f)	محقنة

silla (f) de ruedas	kursiy mutaḥarrik (m)	كرسي متحرّك
muletas (f pl)	ʿukkāzān (du)	عكّازان

anestésico (m)	musakkin (m)	مسكّن
purgante (m)	mulayyin (m)	مليّن
alcohol (m)	iθanūl (m)	إيثانول
hierba (f) medicinal	aʿʃāb ṭibbiyya (pl)	أعشاب طبية
de hierbas (té ~)	ʿuʃbiy	عشبيّ

EL APARTAMENTO

T&P Books Publishing

68. El apartamento

apartamento (m)	ʃaqqa (f)	شقّة
habitación (f)	ɣurfa (f)	غرفة
dormitorio (m)	ɣurfat an nawm (f)	غرفة النوم
comedor (m)	ɣurfat il akl (f)	غرفة الأكل
salón (m)	ṣālat al istiqbāl (f)	صالة الإستقبال
despacho (m)	maktab (m)	مكتب
antecámara (f)	madχal (m)	مدخل
cuarto (m) de baño	ḥammām (m)	حمّام
servicio (m)	ḥammām (m)	حمّام
techo (m)	saqf (m)	سقف
suelo (m)	arḍ (f)	أرض
rincón (m)	zāwiya (f)	زاوية

69. Los muebles. El interior

muebles (m pl)	aθāθ (m)	أثاث
mesa (f)	maktab (m)	مكتب
silla (f)	kursiy (m)	كرسيّ
cama (f)	sarīr (m)	سرير
sofá (m)	kanaba (f)	كنبة
sillón (m)	kursiy (m)	كرسيّ
librería (f)	χizānat kutub (f)	خزانة كتب
estante (m)	raff (m)	رفّ
armario (m)	dūlāb (m)	دولاب
percha (f)	ʃammāʿa (f)	شمّاعة
perchero (m) de pie	ʃammāʿa (f)	شمّاعة
cómoda (f)	dulāb adrāʒ (m)	دولاب أدراج
mesa (f) de café	ṭāwilat al qahwa (f)	طاولة القهوة
espejo (m)	mir'āt (f)	مرآة
tapiz (m)	siʒāda (f)	سجادة
alfombra (f)	siʒāda (f)	سجادة
chimenea (f)	midfa'a ḥā'iṭiyya (f)	مدفأة حائطيّة
vela (f)	ʃamʿa (f)	شمعة
candelero (m)	ʃamʿadān (m)	شمعدان
cortinas (f pl)	satā'ir (pl)	ستائر

empapelado (m)	waraq ḥīṭān (m)	ورق حيطان
estor (m) de láminas	haṣīrat ʃubbāk (f)	حصيرة شبّاك
lámpara (f) de mesa	miṣbāḥ aṭ ṭāwila (m)	مصباح الطاولة
aplique (m)	miṣbāḥ al ḥāʾiṭ (f)	مصباح الحائط
lámpara (f) de pie	miṣbāḥ arḍiy (m)	مصباح أرضيّ
lámpara (f) de araña	naʒafa (f)	نجفة
pata (f) (~ de la mesa)	riʒl (f)	رجل
brazo (m)	masnad (m)	مسند
espaldar (m)	masnad (m)	مسند
cajón (m)	durʒ (m)	درج

70. Los accesorios de cama

ropa (f) de cama	bayāḍāt as sarīr (pl)	بياضات السرير
almohada (f)	wisāda (f)	وسادة
funda (f)	kīs al wisāda (m)	كيس الوسادة
manta (f)	baṭṭāniyya (f)	بطّانيّة
sábana (f)	milāya (f)	ملاية
sobrecama (f)	ɣiṭāʾ as sarīr (m)	غطاء السرير

71. La cocina

cocina (f)	maṭbax (m)	مطبخ
gas (m)	ɣāz (m)	غاز
cocina (f) de gas	butuɣāz (m)	بوتوغاز
cocina (f) eléctrica	furn kaharabāʾiy (m)	فرن كهربائيّ
horno (m)	furn (m)	فرن
horno (m) microondas	furn al mikruwayv (m)	فرن الميكروويف
frigorífico (m)	θallāʒa (f)	ثلاجة
congelador (m)	frīzir (m)	فريزير
lavavajillas (m)	ɣassāla (f)	غسّالة
picadora (f) de carne	farrāmat laḥm (f)	فرّامة لحم
exprimidor (m)	ʿaṣṣāra (f)	عصّارة
tostador (m)	maḥmaṣat xubz (f)	محمصة خبز
batidora (f)	xallāṭ (m)	خلّاط
cafetera (f) (aparato de cocina)	mākinat ṣanʿ al qahwa (f)	ماكينة صنع القهوة
cafetera (f) (para servir)	kanaka (f)	كنكة
molinillo (m) de café	maṭhanat qahwa (f)	مطحنة قهوة
hervidor (m) de agua	barrād (m)	برّاد
tetera (f)	barrād aʃʃāy (m)	برّاد الشاي
tapa (f)	ɣiṭāʾ (m)	غطاء

colador (m) de té	misfāt (f)	مصفاة
cuchara (f)	mil'aqa (f)	ملعقة
cucharilla (f)	mil'aqat ʃāy (f)	ملعقة شاي
cuchara (f) de sopa	mil'aqa kabīra (f)	ملعقة كبيرة
tenedor (m)	ʃawka (f)	شوكة
cuchillo (m)	sikkīn (m)	سكّين
vajilla (f)	suhūn (pl)	صحون
plato (m)	tabaq (m)	طبق
platillo (m)	tabaq finʒān (m)	طبق فنجان
vaso (m) de chupito	ka's (f)	كأس
vaso (m) (~ de agua)	kubbāya (f)	كبّاية
taza (f)	finʒān (m)	فنجان
azucarera (f)	sukkariyya (f)	سكّريّة
salero (m)	mamlaha (f)	مملحة
pimentero (m)	mabhara (f)	مبهرة
mantequera (f)	suhn zubda (m)	صحن زبدة
cacerola (f)	kassirūlla (f)	كاسرولة
sartén (f)	tāsa (f)	طاسة
cucharón (m)	miɣrafa (f)	مغرفة
colador (m)	misfāt (f)	مصفاة
bandeja (f)	sīniyya (f)	صينيّة
botella (f)	zuʒāʒa (f)	زجاجة
tarro (m) de vidrio	bartamān (m)	برطمان
lata (f)	tanaka (f)	تنكة
abrebotellas (m)	fattāha (f)	فتّاحة
abrelatas (m)	fattāha (f)	فتّاحة
sacacorchos (m)	barrīma (f)	بريّمة
filtro (m)	filtir (m)	فلتر
filtrar (vt)	saffa	صفّى
basura (f)	zubāla (f)	زبالة
cubo (m) de basura	sundūq az zubāla (m)	صندوق الزبالة

72. El baño

cuarto (m) de baño	hammām (m)	حمّام
agua (f)	mā' (m)	ماء
grifo (m)	hanafiyya (f)	حنفيّة
agua (f) caliente	mā' sāɣin (m)	ماء ساخن
agua (f) fría	mā' bārid (m)	ماء بارد
pasta (f) de dientes	ma'ʒūn asnān (m)	معجون أسنان
limpiarse los dientes	nazzaf al asnān	نظّف الأسنان
cepillo (m) de dientes	furʃat asnān (f)	فرشة أسنان

afeitarse (vr)	ḥalaq	حلق
espuma (f) de afeitar	raɣwa lil ḥilāqa (f)	رغوة للحلاقة
maquinilla (f) de afeitar	mūs ḥilāqa (m)	موس حلاقة

lavar (vt)	ɣasal	غسل
darse un baño	istaḥamm	إستحمّ
ducha (f)	dūʃ (m)	دوش
darse una ducha	aҳað ad duʃ	أخذ الدش

bañera (f)	ḥawḍ istiḥmām (m)	حوض استحمام
inodoro (m)	mirḥāḍ (m)	مرحاض
lavabo (m)	ḥawḍ (m)	حوض

jabón (m)	ṣābūn (m)	صابون
jabonera (f)	ṣabbāna (f)	صبّانة

esponja (f)	līfa (f)	ليفة
champú (m)	ʃāmbū (m)	شامبو
toalla (f)	fūṭa (f)	فوطة
bata (f) de baño	θawb ḥammām (m)	ثوب حمّام

colada (f), lavado (m)	ɣasīl (m)	غسيل
lavadora (f)	ɣassāla (f)	غسّالة
lavar la ropa	ɣasal al malābis	غسل الملابس
detergente (m) en polvo	masḥūq ɣasīl (m)	مسحوق غسيل

73. Los aparatos domésticos

televisor (m)	tiliviziyūn (m)	تليفزيون
magnetófono (m)	ʒihāz tasʒīl (m)	جهاز تسجيل
vídeo (m)	ʒihāz tasʒīl vidiyu (m)	جهاز تسجيل فيديو
radio (m)	ʒihāz radiyu (m)	جهاز راديو
reproductor (m) (~ MP3)	blayir (m)	بليير

proyector (m) de vídeo	ʿāriḍ vidiyu (m)	عارض فيديو
sistema (m) home cinema	sinima manziliyya (f)	سينما منزليّة
reproductor (m) de DVD	di vi di (m)	دي في دي
amplificador (m)	mukabbir aṣ ṣawt (m)	مكبّر الصوت
videoconsola (f)	ʾatāri (m)	أتاري

cámara (f) de vídeo	kamira vidiyu (f)	كاميرا فيديو
cámara (f) fotográfica	kamira (f)	كاميرا
cámara (f) digital	kamira diʒital (f)	كاميرا ديجيتال

aspirador (m), aspiradora (f)	miknasa kahrabāʾiyya (f)	مكنسة كهربائيّة
plancha (f)	makwāt (f)	مكواة
tabla (f) de planchar	lawḥat kayy (f)	لوحة كيّ

teléfono (m)	hātif (m)	هاتف
teléfono (m) móvil	hātif maḥmūl (m)	هاتف محمول

máquina (f) de escribir	'āla katiba (f)	آلة كاتبة
máquina (f) de coser	'ālat al xiyāṭa (f)	آلة الخياطة
micrófono (m)	mikrufūn (m)	ميكروفون
auriculares (m pl)	sammā'āt ra'siya (pl)	سمّاعات رأسيّة
mando (m) a distancia	rimuwt kuntrūl (m)	ريموت كنترول
CD (m)	si di (m)	سي دي
casete (m)	ʃarīṭ (m)	شريط
disco (m) de vinilo	usṭuwāna (f)	أسطوانة

LA TIERRA. EL TIEMPO

T&P Books Publishing

cosmos (m)	faḍā' (m)	فضاء
espacial, cósmico (adj)	faḍā'iy	فضائيّ
espacio (m) cósmico	faḍā' (m)	فضاء
mundo (m)	'ālam (m)	عالم
universo (m)	al kawn (m)	الكون
galaxia (f)	al maʒarra (f)	المجرّة
estrella (f)	naʒm (m)	نجم
constelación (f)	burʒ (m)	برج
planeta (m)	kawkab (m)	كوكب
satélite (m)	qamar ṣinā'iy (m)	قمر صناعيّ
meteorito (m)	ḥaʒar nayzakiy (m)	حجر نيزكيّ
cometa (m)	muðannab (m)	مذنّب
asteroide (m)	kuwaykib (m)	كويكب
órbita (f)	madār (m)	مدار
girar (vi)	dār	دار
atmósfera (f)	al ɣilāf al ʒawwiy (m)	الغلاف الجوّيّ
Sol (m)	aʃ ʃams (f)	الشمس
sistema (m) solar	al maʒmū'a aʃ ʃamsiyya (f)	المجموعة الشمسيّة
eclipse (m) de Sol	kusūf aʃ ʃams (m)	كسوف الشمس
Tierra (f)	al arḍ (f)	الأرض
Luna (f)	al qamar (m)	القمر
Marte (m)	al mirrīχ (m)	المرّيخ
Venus (f)	az zahra (f)	الزهرة
Júpiter (m)	al muʃtari (m)	المشتري
Saturno (m)	zuḥal (m)	زحل
Mercurio (m)	'aṭārid (m)	عطارد
Urano (m)	urānus (m)	اورانوس
Neptuno (m)	nibtūn (m)	نبتون
Plutón (m)	blūtu (m)	بلوتو
la Vía Láctea	darb at tabbāna (m)	درب التبّانة
la Osa Mayor	ad dubb al akbar (m)	الدبّ الأكبر
la Estrella Polar	naʒm al 'quṭb (m)	نجم القطب
marciano (m)	sākin al mirrīχ (m)	ساكن المرّيخ
extraterrestre (m)	faḍā'iy (m)	فضائيّ
planetícola (m)	faḍā'iy (m)	فضائيّ

platillo (m) volante	ṭabaq ṭā'ir (m)	طبق طائر
nave (f) espacial	markaba faḍā'iyya (f)	مركبة فضائية
estación (f) orbital	maḥaṭṭat faḍā' (f)	محطّة فضاء
despegue (m)	intilāq (m)	إنطلاق
motor (m)	mutūr (m)	موتور
tobera (f)	manfaθ (m)	منفث
combustible (m)	wuqūd (m)	وقود
carlinga (f)	kabīna (f)	كابينة
antena (f)	hawā'iy (m)	هوائيّ
ventana (f)	kuwwa mustadīra (f)	كوّة مستديرة
batería (f) solar	lawḥ ʃamsiy (m)	لوح شمسيّ
escafandra (f)	baðlat al faḍā' (f)	بذلة الفضاء
ingravidez (f)	in'idām al wazn (m)	إنعدام الوزن
oxígeno (m)	uksiʒīn (m)	أكسجين
atraque (m)	rasw (m)	رسو
realizar el atraque	rasa	رسا
observatorio (m)	marṣad (m)	مرصد
telescopio (m)	tiliskūp (m)	تلسكوب
observar (vt)	rāqab	راقب
explorar (~ el universo)	istakʃaf	إستكشف

75. La tierra

Tierra (f)	al arḍ (f)	الأرض
globo (m) terrestre	al kura al arḍiyya (f)	الكرة الأرضيّة
planeta (m)	kawkab (m)	كوكب
atmósfera (f)	al ɣilāf al ʒawwiy (m)	الغلاف الجوّيّ
geografía (f)	ʒuɣrāfiya (f)	جغرافيا
naturaleza (f)	ṭabī'a (f)	طبيعة
globo (m) terráqueo	namūðaʒ lil kura al arḍiyya (m)	نموذج للكرة الأرضيّة
mapa (m)	χarīṭa (f)	خريطة
atlas (m)	aṭlas (m)	أطلس
Europa (f)	urūbba (f)	أوروبّا
Asia (f)	'āsiya (f)	آسيا
África (f)	afrīqiya (f)	أفريقيا
Australia (f)	usturāliya (f)	أستراليا
América (f)	amrīka (f)	أمريكا
América (f) del Norte	amrīka aʃ ʃimāliyya (f)	أمريكا الشماليّة
América (f) del Sur	amrīka al ʒanūbiyya (f)	أمريكا الجنوبيّة
Antártida (f)	al quṭb al ʒanūbiy (m)	القطب الجنوبيّ
Ártico (m)	al quṭb aʃ ʃimāliy (m)	القطب الشماليّ

76. Los puntos cardinales

norte (m)	ʃimāl (m)	شمال
al norte	ilaʃ ʃimāl	إلى الشمال
en el norte	fiʃ ʃimāl	في الشمال
del norte (adj)	ʃimāliy	شماليّ
sur (m)	ʒanūb (m)	جنوب
al sur	ilal ʒanūb	إلى الجنوب
en el sur	fil ʒanūb	في الجنوب
del sur (adj)	ʒanūbiy	جنوبيّ
oeste (m)	ɣarb (m)	غرب
al oeste	ilal ɣarb	إلى الغرب
en el oeste	fil ɣarb	في الغرب
del oeste (adj)	ɣarbiy	غربي
este (m)	ʃarq (m)	شرق
al este	ilaʃ ʃarq	إلى الشرق
en el este	fiʃ ʃarq	في الشرق
del este (adj)	ʃarqiy	شرقيّ

77. El mar. El océano

mar (m)	baḥr (m)	بحر
océano (m)	muḥīṭ (m)	محيط
golfo (m)	xalīʒ (m)	خليج
estrecho (m)	maḍīq (m)	مضيق
tierra (f) firme	barr (m)	برّ
continente (m)	qārra (f)	قارّة
isla (f)	ʒazīra (f)	جزيرة
península (f)	ʃibh ʒazīra (f)	شبه جزيرة
archipiélago (m)	maʒmūʿat ʒuzur (f)	مجموعة جزر
bahía (f)	xalīʒ (m)	خليج
ensenada, bahía (f)	mīnāʾ (m)	ميناء
laguna (f)	buḥayra ʃāṭiʾa (f)	بحيرة شاطئة
cabo (m)	raʾs (m)	رأس
atolón (m)	ʒazīra marʒāniyya istiwāʾiyya (f)	جزيرة مرجانيّة إستوائيّة
arrecife (m)	ʃiʿāb (pl)	شعاب
coral (m)	murʒān (m)	مرجان
arrecife (m) de coral	ʃiʿāb marʒāniyya (pl)	شعاب مرجانيّة
profundo (adj)	ʿamīq	عميق
profundidad (f)	ʿumq (m)	عمق
abismo (m)	mahwāt (f)	مهواة

fosa (f) oceánica	χandaq (m)	خندق
corriente (f)	tayyār (m)	تيّار
bañar (rodear)	aḥāṭ	أحاط

| orilla (f) | sāḥil (m) | ساحل |
| costa (f) | sāḥil (m) | ساحل |

flujo (m)	madd (m)	مدّ
reflujo (m)	ʒazr (m)	جزر
banco (m) de arena	miyāh ḍaḥla (f)	مياه ضحلة
fondo (m)	qāʿ (m)	قاع

ola (f)	mawʒa (f)	موجة
cresta (f) de la ola	qimmat mawʒa (f)	قمّة موجة
espuma (f)	zabad al baḥr (m)	زبد البحر

tempestad (f)	ʿāṣifa (f)	عاصفة
huracán (m)	iʿṣār (m)	إعصار
tsunami (m)	tsunāmi (m)	تسونامي
bonanza (f)	hudūʾ (m)	هدوء
calmo, tranquilo	hādiʾ	هادئ

| polo (m) | quṭb (m) | قطب |
| polar (adj) | quṭby | قطبيّ |

latitud (f)	ʿarḍ (m)	عرض
longitud (f)	ṭūl (m)	طول
paralelo (m)	mutawāzi (m)	متواز
ecuador (m)	χaṭṭ al istiwāʾ (m)	خط الإستواء

cielo (m)	samāʾ (f)	سماء
horizonte (m)	ufuq (m)	أفق
aire (m)	hawāʾ (m)	هواء

faro (m)	manāra (f)	منارة
bucear (vi)	ɣāṣ	غاص
hundirse (vr)	ɣariq	غرق
tesoros (m pl)	kunūz (pl)	كنوز

78. Los nombres de los mares y los océanos

océano (m) Atlántico	al muḥīṭ al aṭlasiy (m)	المحيط الأطلسيّ
océano (m) Índico	al muḥīṭ al hindiy (m)	المحيط الهنديّ
océano (m) Pacífico	al muḥīṭ al hādiʾ (m)	المحيط الهادئ
océano (m) Glacial Ártico	al muḥīṭ il mutaʒammid aʃʃimāliy (m)	المحيط المتجمّد الشماليّ

mar (m) Negro	al baḥr al aswad (m)	البحر الأسود
mar (m) Rojo	al baḥr al aḥmar (m)	البحر الأحمر
mar (m) Amarillo	al baḥr al aṣfar (m)	البحر الأصفر

mar (m) Blanco	al baḥr al abyaḍ (m)	البحر الأبيض
mar (m) Caspio	baḥr qazwīn (m)	بحر قزوين
mar (m) Muerto	al baḥr al mayyit (m)	البحر الميّت
mar (m) Mediterráneo	al baḥr al abyaḍ al mutawassiṭ (m)	البحر الأبيض المتوسّط
mar (m) Egeo	baḥr īʒah (m)	بحر إيجة
mar (m) Adriático	al baḥr al adriyatīkiy (m)	البحر الأدرياتيكيّ
mar (m) Arábigo	baḥr al ʿarab (m)	بحر العرب
mar (m) del Japón	baḥr al yabān (m)	بحر اليابان
mar (m) de Bering	baḥr birinʒ (m)	بحر بيرينغ
mar (m) de la China Meridional	baḥr aṣ ṣīn al ʒanūbiy (m)	بحر الصين الجنوبيّ
mar (m) del Coral	baḥr al marʒān (m)	بحر المرجان
mar (m) de Tasmania	baḥr tasmān (m)	بحر تسمان
mar (m) Caribe	al baḥr al karībiy (m)	البحر الكاريبيّ
mar (m) de Barents	baḥr barints (m)	بحر بارينس
mar (m) de Kara	baḥr kara (m)	بحر كارا
mar (m) del Norte	baḥr aʃ ʃimāl (m)	بحر الشمال
mar (m) Báltico	al baḥr al balṭīq (m)	البحر البلطيق
mar (m) de Noruega	baḥr an narwīʒ (m)	بحر النرويج

79. Las montañas

montaña (f)	ʒabal (m)	جبل
cadena (f) de montañas	silsilat ʒibāl (f)	سلسلة جبال
cresta (f) de montañas	qimam ʒabaliyya (pl)	قمم جبليّة
cima (f)	qimma (f)	قمّة
pico (m)	qimma (f)	قمة
pie (m)	asfal (m)	أسفل
cuesta (f)	munḥadar (m)	منحدر
volcán (m)	burkān (m)	بركان
volcán (m) activo	burkān naʃiṭ (m)	بركان نشط
volcán (m) apagado	hurkān χāmiḍ (m)	بركان خامد
erupción (f)	θawrān (m)	ثوران
cráter (m)	fūhat al burkān (f)	فوهة البركان
magma (m)	māχma (f)	ماغما
lava (f)	humam burkāniyya (pl)	حمم بركانيّة
fundido (lava ~a)	munṣahira	منصهرة
cañón (m)	talʿa (m)	تلعة
desfiladero (m)	wādi ḍayyiq (m)	واد ضيّق
grieta (f)	ʃaqq (m)	شقّ

precipicio (m)	hāwiya (f)	هاوية
puerto (m) (paso)	mamarr ʒabaliy (m)	ممرّ جبليّ
meseta (f)	haḍba (f)	هضبة
roca (f)	ʒurf (m)	جرف
colina (f)	tall (m)	تلّ
glaciar (m)	nahr ʒalīdiy (m)	نهر جليديّ
cascada (f)	ʃallāl (m)	شلّال
geiser (m)	fawwāra ḥārra (m)	فوّارة حارّة
lago (m)	buḥayra (f)	بحيرة
llanura (f)	sahl (m)	سهل
paisaje (m)	manẓar ṭabīʿiy (m)	منظر طبيعيّ
eco (m)	ṣada (m)	صدى
alpinista (m)	mutasalliq al ʒibāl (m)	متسلّق الجبال
escalador (m)	mutasalliq ṣuxūr (m)	متسلّق صخور
conquistar (vt)	taγallab ʿala	تغلب على
ascensión (f)	tasalluq (m)	تسلّق

80. Los nombres de las montañas

Alpes (m pl)	ʒibāl al alb (pl)	جبال الألب
Montblanc (m)	mūn blūn (m)	مون بلون
Pirineos (m pl)	ʒibāl al barānis (pl)	جبال البرانس
Cárpatos (m pl)	ʒibāl al karbāt (pl)	جبال الكاريات
Urales (m pl)	ʒibāl al ʾūrāl (pl)	جبال الأورال
Cáucaso (m)	ʒibāl al qawqāz (pl)	جبال القوقاز
Elbrus (m)	ʒabal ilbrūs (m)	جبل إلبروس
Altai (m)	ʒibāl altāy (pl)	جبال ألتاي
Tian-Shan (m)	ʒibāl tian ʃan (pl)	جبال تيان شان
Pamir (m)	ʒibāl bamīr (pl)	جبال بامير
Himalayos (m pl)	himalāya (pl)	هيمالايا
Everest (m)	ʒabal ivirist (m)	جبل افرست
Andes (m pl)	ʒibāl al andīz (pl)	جبال الأنديز
Kilimanjaro (m)	ʒabal kilimanʒāru (m)	جبل كليمنجارو

81. Los ríos

río (m)	nahr (m)	نهر
manantial (m)	ʿayn (m)	عين
lecho (m) (curso de agua)	maʒra an nahr (m)	مجرى النهر
cuenca (f) fluvial	ḥawḍ (m)	حوض
desembocar en …	ṣabb fi …	صبّ في...
afluente (m)	rāfid (m)	رافد

ribera (f)	ḏiffa (f)	ضفّة
corriente (f)	tayyār (m)	تيّار
río abajo (adv)	f ittiӡāh maӡra an nahr	في إتجاه مجرى النهر
río arriba (adv)	ḏidd at tayyār	ضد التيّار

inundación (f)	ɣamr (m)	غمر
riada (f)	fayaḏān (m)	فيضان
desbordarse (vr)	fāḏ	فاض
inundar (vt)	ɣamar	غمر

| bajo (m) arenoso | miyāh ḏaḥla (f) | مياه ضحلة |
| rápido (m) | munḥadar an nahr (m) | منحدر النهر |

presa (f)	sadd (m)	سدّ
canal (m)	qanāt (f)	قناة
lago (m) artificiale	xazzān māʾiy (m)	خزّان مائيّ
esclusa (f)	hawīs (m)	هويس

cuerpo (m) de agua	masṭaḥ māʾiy (m)	مسطح مائيّ
pantano (m)	mustanqaʿ (m)	مستنقع
ciénaga (f)	mustanqaʿ (m)	مستنقع
remolino (m)	dawwāma (f)	دوّامة

arroyo (m)	ӡadwal māʾiy (m)	جدول مائيّ
potable (adj)	aʃʃurb	الشرب
dulce (agua ~)	ʿaðb	عذب

| hielo (m) | ӡalīd (m) | جليد |
| helarse (el lago, etc.) | taӡammad | تجمّد |

82. Los nombres de los ríos

| Sena (m) | nahr as sīn (m) | نهر السين |
| Loira (m) | nahr al lua:r (m) | نهر اللوار |

Támesis (m)	nahr at tīmz (m)	نهر التيمز
Rin (m)	nahr ar rayn (m)	نهر الراين
Danubio (m)	nahr ad danūb (m)	نهر الدانوب

Volga (m)	nahr al vulɣa (m)	نهر الفولغا
Don (m)	nahr ad dūn (m)	نهر الدون
Lena (m)	nahr līna (m)	نهر لينا

Río (m) Amarillo	an nahr al aṣfar (m)	النهر الأصفر
Río (m) Azul	nahr al yanɣtsi (m)	نهر اليانغتسي
Mekong (m)	nahr al mikunɣ (m)	نهر الميكونغ
Ganges (m)	nahr al ɣānӡ (m)	نهر الغانج

| Nilo (m) | nahr an nīl (m) | نهر النيل |
| Congo (m) | nahr al kunɣu (m) | نهر الكونغو |

Okavango (m)	nahr ukavanʒu (m)	نهر اوكافانجو
Zambeze (m)	nahr az zambizi (m)	نهر الزمبيزي
Limpopo (m)	nahr limbubu (m)	نهر ليمبوبو
Misisipi (m)	nahr al mississibbi (m)	نهر الميسيسيبي

83. El bosque

bosque (m)	ɣāba (f)	غابة
de bosque (adj)	ɣāba	غابة
espesura (f)	ɣāba kaθīfa (f)	غابة كثيفة
bosquecillo (m)	ɣāba ṣaɣīra (f)	غابة صغيرة
claro (m)	minṭaqa uzīlat minha al aʃʒār (f)	منطقة أزيلت منها الأشجار
maleza (f)	aʒama (f)	أجمة
matorral (m)	ʃuʒayrāt (pl)	شجيرات
senda (f)	mamarr (m)	ممرّ
barranco (m)	wādi ḍayyiq (m)	واد ضيّق
árbol (m)	ʃaʒara (f)	شجرة
hoja (f)	waraqa (f)	ورقة
follaje (m)	waraq (m)	ورق
caída (f) de hojas	tasāquṭ al awrāq (m)	تساقط الأوراق
caer (las hojas)	saqaṭ	سقط
cima (f)	ra's (m)	رأس
rama (f)	ɣuṣn (m)	غصن
rama (f) (gruesa)	ɣuṣn (m)	غصن
brote (m)	burʿum (m)	برعم
aguja (f)	ʃawka (f)	شوكة
piña (f)	kūz aṣ ṣanawbar (m)	كوز الصنوبر
agujero (m)	ʒawf (m)	جوف
nido (m)	ʿuʃʃ (m)	عشّ
tronco (m)	ʒiðʿ (m)	جذع
raíz (f)	ʒiðr (m)	جذر
corteza (f)	liḥā' (m)	لحاء
musgo (m)	ṭuḥlub (m)	طحلب
extirpar (vt)	iqtalaʿ	إقتلع
talar (vt)	qaṭaʿ	قطع
deforestar (vt)	azāl al ɣābāt	أزال الغابات
tocón (m)	ʒiðʿ aʃ ʃaʒara (m)	جذع الشجرة
hoguera (f)	nār muxayyam (m)	نار مخيّم
incendio (m) forestal	ḥarīq ɣāba (m)	حريق غابة

apagar (~ el incendio)	atfa'	أطفأ
guarda (m) forestal	ḥāris al ɣāba (m)	حارس الغابة
protección (f)	ḥimāya (f)	حماية
proteger (vt)	ḥama	حمى
cazador (m) furtivo	sāriq aṣ ṣayd (m)	سارق الصيد
cepo (m)	maṣyada (f)	مصيدة
recoger (setas, bayas)	ʒamaʿ	جمع
perderse (vr)	tāh	تاه

84. Los recursos naturales

recursos (m pl) naturales	θarawāt ṭabīʿiyya (pl)	ثروات طبيعيّة
recursos (m pl) subterráneos	maʿādin (pl)	معادن
depósitos (m pl)	makāmin (pl)	مكامن
yacimiento (m)	ḥaql (m)	حقل
extraer (vt)	istaxraʒ	إستخرج
extracción (f)	istixrāʒ (m)	إستخراج
mena (f)	xām (m)	خام
mina (f)	manʒam (m)	منجم
pozo (m) de mina	manʒam (m)	منجم
minero (m)	ʿāmil manʒam (m)	عامل منجم
gas (m)	ɣāz (m)	غاز
gasoducto (m)	xaṭṭ anābīb ɣāz (m)	خط أنابيب غاز
petróleo (m)	nafṭ (m)	نفط
oleoducto (m)	anābīb an nafṭ (pl)	أنابيب النفط
pozo (m) de petróleo	biʾr an nafṭ (m)	بئر النفط
torre (f) de sondeo	ḥaffāra (f)	حفّارة
petrolero (m)	nāqilat an nafṭ (f)	ناقلة النفط
arena (f)	raml (m)	رمل
caliza (f)	ḥaʒar kalsiy (m)	حجر كلسيّ
grava (f)	ḥaṣa (m)	حصى
turba (f)	xaθθ fahm nabātiy (m)	خثّ فحم نباتيّ
arcilla (f)	ṭīn (m)	طين
carbón (m)	fahm (m)	فحم
hierro (m)	ḥadīd (m)	حديد
oro (m)	ðahab (m)	ذهب
plata (f)	fiḍḍa (f)	فضّة
níquel (m)	nikil (m)	نيكل
cobre (m)	nuḥās (m)	نحاس
zinc (m)	zink (m)	زنك
manganeso (m)	manɣanīz (m)	منغنيز
mercurio (m)	ziʾbaq (m)	زئبق
plomo (m)	ruṣāṣ (m)	رصاص

mineral (m)	ma'dan (m)	معدن
cristal (m)	ballūra (f)	بلّورة
mármol (m)	ruχām (m)	رخام
uranio (m)	yurānuim (m)	يورانيوم

85. El tiempo

tiempo (m)	ṭaqs (m)	طقس
previsión (f) del tiempo	naʃra ʒawwiyya (f)	نشرة جوّية
temperatura (f)	ḥarāra (f)	حرارة
termómetro (m)	tirmūmitr (m)	ترمومتر
barómetro (m)	barūmitr (m)	بارومتر

húmedo (adj)	raṭib	رطب
humedad (f)	ruṭūba (f)	رطوبة
bochorno (m)	ḥarāra (f)	حرارة
tórrido (adj)	ḥārr	حارّ
hace mucho calor	al ʒaww ḥārr	الجوّ حارّ

| hace calor (templado) | al ʒaww dāfi' | الجوّ دافئ |
| templado (adj) | dāfi' | دافئ |

hace frío	al ʒaww bārid	الجوّ بارد
frío (adj)	bārid	بارد
sol (m)	ʃams (f)	شمس
brillar (vi)	aḍā'	أضاء
soleado (un día ~)	muʃmis	مشمس
elevarse (el sol)	ʃaraq	شرق
ponerse (vr)	ɣarab	غرب

nube (f)	saḥāba (f)	سحابة
nuboso (adj)	ɣā'im	غائم
nubarrón (m)	saḥābat maṭar (f)	سحابة مطر
nublado (adj)	ɣā'im	غائم

lluvia (f)	maṭar (m)	مطر
está lloviendo	innaha tamṭur	إنّها تمطر
lluvioso (adj)	mumṭir	ممطر
lloviznar (vi)	raðð	رذّ

aguacero (m)	maṭar munhamir (f)	مطر منهمر
chaparrón (m)	maṭar ɣazīr (m)	مطر غزير
fuerte (la lluvia ~)	ʃadīd	شديد
charco (m)	birka (f)	بركة
mojarse (vr)	ibtall	إبتلّ

niebla (f)	ḍabāb (m)	ضباب
nebuloso (adj)	muḍabbab	مضبّب
nieve (f)	θalʒ (m)	ثلج
está nevando	innaha taθluʒ	إنّها تثلج

86. Los eventos climáticos severos. Los desastres naturales

tormenta (f)	'āṣifa ra'diyya (f)	عاصفة رعديّة
relámpago (m)	barq (m)	برق
relampaguear (vi)	baraq	برق
trueno (m)	ra'd (m)	رعد
tronar (vi)	ra'ad	رعد
está tronando	tar'ad as samā'	ترعد السماء
granizo (m)	maṭar bard (m)	مطر برد
está granizando	tamṭur as samā' bardan	تمطر السماء بردًا
inundar (vt)	ɣamar	غمر
inundación (f)	fayaḍān (m)	فيضان
terremoto (m)	zilzāl (m)	زلزال
sacudida (f)	hazza arḍiyya (f)	هزّة أرضيّة
epicentro (m)	markaz az zilzāl (m)	مركز الزلزال
erupción (f)	θawrān (m)	ثوران
lava (f)	ḥumam burkāniyya (pl)	حمم بركانيّة
torbellino (m), tornado (m)	i'ṣār (m)	إعصار
tifón (m)	ṭūfān (m)	طوفان
huracán (m)	i'ṣār (m)	إعصار
tempestad (f)	'āṣifa (f)	عاصفة
tsunami (m)	tsunāmi (m)	تسونامي
ciclón (m)	i'ṣār (m)	إعصار
mal tiempo (m)	ṭaqs sayyi' (m)	طقس سيّء
incendio (m)	ḥarīq (m)	حريق
catástrofe (f)	kāriθa (f)	كارثة
meteorito (m)	ḥaʒar nayzakiy (m)	حجر نيزكيّ
avalancha (f)	inhiyār θalʒiy (m)	إنهيار ثلجيّ
alud (m) de nieve	inhiyār θalʒiy (m)	إنهيار ثلجيّ
ventisca (f)	'āṣifa θalʒiyya (f)	عاصفة ثلجيّة
nevasca (f)	'āṣifa θalʒiyya (f)	عاصفة ثلجيّة

LA FAUNA

T&P Books Publishing

87. Los mamíferos. Los predadores

carnívoro (m)	ḥayawān muftaris (m)	حيوان مفترس
tigre (m)	namir (m)	نمر
león (m)	asad (m)	أسد
lobo (m)	ði'b (m)	ذئب
zorro (m)	θa'lab (m)	ثعلب
jaguar (m)	namir amrīkiy (m)	نمر أمريكيّ
leopardo (m)	fahd (m)	فهد
guepardo (m)	namir ṣayyād (m)	نمر صيّاد
pantera (f)	namir aswad (m)	نمر أسود
puma (f)	būma (m)	بوما
leopardo (m) de las nieves	namir aθ θulūʒ (m)	نمر الثلوج
lince (m)	waʃaq (m)	وشق
coyote (m)	qayūṭ (m)	قيوط
chacal (m)	ibn 'āwa (m)	ابن آوى
hiena (f)	ḍabuʿ (m)	ضبع

88. Los animales salvajes

animal (m)	ḥayawān (m)	حيوان
bestia (f)	ḥayawān (m)	حيوان
ardilla (f)	sinʒāb (m)	سنجاب
erizo (m)	qumfuð (m)	قنفذ
liebre (f)	arnab barriy (m)	أرنب بريّ
conejo (m)	arnab (m)	أرنب
tejón (m)	ɣarīr (m)	غرير
mapache (m)	rākūn (m)	راكون
hámster (m)	qidād (m)	قداد
marmota (f)	marmuṭ (m)	مرموط
topo (m)	χuld (m)	خلد
ratón (m)	fa'r (m)	فأر
rata (f)	ʒurað (m)	جرذ
murciélago (m)	χuffāʃ (m)	خفّاش
armiño (m)	qāqum (m)	قاقم
cebellina (f)	sammūr (m)	سمّور
marta (f)	dalaq (m)	دلق

comadreja (f)	ibn 'irs (m)	إبن عرس
visón (m)	mink (m)	منك
castor (m)	qundus (m)	قندس
nutria (f)	quḍā'a (f)	قضاعة
caballo (m)	ḥiṣān (m)	حصان
alce (m)	mūz (m)	موظ
ciervo (m)	ayyil (m)	أيَل
camello (m)	ʒamal (m)	جمل
bisonte (m)	bisūn (m)	بيسون
uro (m)	θawr barriy (m)	ثور برّيّ
búfalo (m)	ʒāmūs (m)	جاموس
cebra (f)	ḥimār zarad (m)	حمار زرد
antílope (m)	ẓabiy (m)	ظبي
corzo (m)	yaḥmūr (m)	يحمور
gamo (m)	ayyil asmar urubbiy (m)	أيَل أسمر أوروبّيّ
gamuza (f)	ʃamwāh (f)	شامواه
jabalí (m)	xinzīr barriy (m)	خنزير برّيّ
ballena (f)	ḥūt (m)	حوت
foca (f)	fuqma (f)	فقمة
morsa (f)	faẓẓ (m)	فظّ
oso (m) marino	fuqmat al firā' (f)	فقمة الفراء
delfín (m)	dilfīn (m)	دلفين
oso (m)	dubb (m)	دبّ
oso (m) blanco	dubb quṭbiy (m)	دبّ قطبيّ
panda (f)	bānda (m)	باندا
mono (m)	qird (m)	قرد
chimpancé (m)	ʃimbanzi (m)	شيمبانزي
orangután (m)	urangutān (m)	أورنغوتان
gorila (m)	ɣurīlla (f)	غوريلا
macaco (m)	qird al makāk (m)	قرد المكاك
gibón (m)	ʒibbūn (m)	جيبون
elefante (m)	fīl (m)	فيل
rinoceronte (m)	xartīt (m)	خرتيت
jirafa (f)	zarāfa (f)	زرافة
hipopótamo (m)	faras an nahr (m)	فرس النهر
canguro (m)	kanɣar (m)	كنغر
koala (f)	kuala (m)	كوالا
mangosta (f)	nims (m)	نمس
chinchilla (f)	ʃinʃīla (f)	شنشيلة
mofeta (f)	ẓaribān (m)	ظربان
espín (m)	nīṣ (m)	نيص

89. Los animales domésticos

gata (f)	qiṭṭa (f)	قطّة
gato (m)	ðakar al qiṭṭ (m)	ذكر القطّ
perro (m)	kalb (m)	كلب
caballo (m)	ḥiṣān (m)	حصان
garañón (m)	faḥl al xayl (m)	فحل الخيل
yegua (f)	unθa al faras (f)	أنثى الفرس
vaca (f)	baqara (f)	بقرة
toro (m)	θawr (m)	ثور
buey (m)	θawr (m)	ثور
oveja (f)	xarūf (f)	خروف
carnero (m)	kabʃ (m)	كبش
cabra (f)	mā'iz (m)	ماعز
cabrón (m)	ðakar al mā'ið (m)	ذكر الماعز
asno (m)	ḥimār (m)	حمار
mulo (m)	baɣl (m)	بغل
cerdo (m)	xinzīr (m)	خنزير
cerdito (m)	xannūṣ (m)	خنّوص
conejo (m)	arnab (m)	أرنب
gallina (f)	daʒāʒa (f)	دجاجة
gallo (m)	dīk (m)	ديك
pato (m)	baṭṭa (f)	بطّة
ánade (m)	ðakar al baṭṭ (m)	ذكر البطّ
ganso (m)	iwazza (f)	إوزّة
pavo (m)	dīk rūmiy (m)	ديك رومي
pava (f)	daʒāʒ rūmiy (m)	دجاج رومي
animales (m pl) domésticos	ḥayawānāt dawāʒin (pl)	حيوانات دواجن
domesticado (adj)	alīf	أليف
domesticar (vt)	allaf	ألف
criar (vt)	rabba	ربّى
granja (f)	mazra'a (f)	مزرعة
aves (f pl) de corral	ṭuyūr dāʒina (pl)	طيور داجنة
ganado (m)	māʃiya (f)	ماشية
rebaño (m)	qaṭī' (m)	قطيع
caballeriza (f)	istabl xayl (m)	إسطبل خيل
porqueriza (f)	ḥazīrat al xanāzīr (f)	حظيرة الخنازير
vaquería (f)	zirībat al baqar (f)	زريبة البقر
conejal (m)	qunn al arānib (m)	قن الأرانب
gallinero (m)	qunn ad daʒāʒ (m)	قن الدجاج

90. Los pájaros

pájaro (m)	ṭā'ir (m)	طائر
paloma (f)	ḥamāma (f)	حمامة
gorrión (m)	'uṣfūr (m)	عصفور
carbonero (m)	qurquf (m)	قرقف
urraca (f)	'aq'aq (m)	عقعق
cuervo (m)	ɣurāb aswad (m)	غراب أسود
corneja (f)	ɣurāb (m)	غراب
chova (f)	zāɣ (m)	زاغ
grajo (m)	ɣurāb al qayẓ (m)	غراب القيظ
pato (m)	baṭṭa (f)	بطة
ganso (m)	iwazza (f)	إوزّة
faisán (m)	tadarruʒ (m)	تدرج
águila (f)	nasr (m)	نسر
azor (m)	bāz (m)	باز
halcón (m)	ṣaqr (m)	صقر
buitre (m)	raχam (m)	رخم
cóndor (m)	kundūr (m)	كندور
cisne (m)	timma (m)	تمّة
grulla (f)	kurkiy (m)	كركي
cigüeña (f)	laqlaq (m)	لقلق
loro (m), papagayo (m)	babaɣā' (m)	ببغاء
colibrí (m)	ṭannān (m)	طنّان
pavo (m) real	ṭāwūs (m)	طاووس
avestruz (m)	na'āma (f)	نعامة
garza (f)	balaʃūn (m)	بلشون
flamenco (m)	nuḥām wardiy (m)	نحام وردي
pelícano (m)	baʒa'a (f)	بجعة
ruiseñor (m)	bulbul (m)	بلبل
golondrina (f)	sunūnū (m)	سنونو
tordo (m)	sumna (m)	سمنة
zorzal (m)	summuna muɣarrida (m)	سمنة مغرّدة
mirlo (m)	ʃaḥrūr aswad (m)	شحرور أسود
vencejo (m)	samāma (m)	سمامة
alondra (f)	qubbara (f)	قبّرة
codorniz (f)	sammān (m)	سمّان
pájaro carpintero (m)	naqqār al χaʃab (m)	نقّار الخشب
cuco (m)	waqwāq (m)	وقواق
lechuza (f)	būma (f)	بومة
búho (m)	būm urāsiy (m)	بوم أوراسي

urogallo (m)	dīk il χalanʒ (m)	ديك الخلنج
gallo lira (m)	ṭayhūʒ aswad (m)	طيهوج أسود
perdiz (f)	ḥaʒal (m)	حجل

estornino (m)	zurzūr (m)	زرزور
canario (m)	kanāriy (m)	كناريّ
ortega (f)	ṭayhūʒ il bunduq (m)	طيهوج البندق
pinzón (m)	ʃurʃūr (m)	شرشور
camachuelo (m)	diɣnāʃ (m)	دغناش

gaviota (f)	nawras (m)	نورس
albatros (m)	al qaṭras (m)	القطرس
pingüino (m)	biṭrīq (m)	بطريق

91. Los peces. Los animales marinos

brema (f)	abramīs (m)	أبراميس
carpa (f)	ʃabbūṭ (m)	شبّوط
perca (f)	farχ (m)	فرخ
siluro (m)	qarmūṭ (m)	قرموط
lucio (m)	samak al karāki (m)	سمك الكراكي

salmón (m)	salmūn (m)	سلمون
esturión (m)	ḥaʃʃ (m)	حفش

arenque (m)	rinʒa (f)	رنجة
salmón (m) del Atlántico	salmūn aṭlasiy (m)	سلمون أطلسيّ
caballa (f)	usqumriy (m)	أسقمريّ
lenguado (m)	samak mufalṭaḥ (f)	سمك مفلطح

lucioperca (f)	samak sandar (m)	سمك سندر
bacalao (m)	qudd (m)	قدّ
atún (m)	tūna (f)	تونة
trucha (f)	salmūn muraqqaṭ (m)	سلمون مرقّط

anguila (f)	ḥankalīs (m)	حنكليس
raya (f) eléctrica	ra"ād (m)	رعّاد
morena (f)	murāy (m)	موراي
piraña (f)	birāna (f)	بيرانا

tiburón (m)	qirʃ (m)	قرش
delfín (m)	dilfīn (m)	دلفين
ballena (f)	ḥūt (m)	حوت

centolla (f)	salṭaʿūn (m)	سلطعون
medusa (f)	qindīl al baḥr (m)	قنديل البحر
pulpo (m)	uχṭubūṭ (m)	أخطبوط

estrella (f) de mar	naʒmat al baḥr (f)	نجمة البحر
erizo (m) de mar	qumfuð al baḥr (m)	قنفذ البحر

caballito (m) de mar	ḥiṣān al baḥr (m)	فرس البحر
ostra (f)	maḥār (m)	محار
camarón (m)	ӡambari (m)	جمبري
bogavante (m)	istakūza (f)	إستكوزا
langosta (f)	karkand ʃāik (m)	كركند شائك

92. Los anfibios. Los reptiles

serpiente (f)	θuʻbān (m)	ثعبان
venenoso (adj)	sāmm	سام
víbora (f)	afʻa (f)	أفعى
cobra (f)	kūbra (m)	كوبرا
pitón (m)	biθūn (m)	بيثون
boa (f)	buwā' (f)	بواء
culebra (f)	θuʻbān al ʻuʃb (m)	ثعبان العشب
serpiente (m) de cascabel	afʻa al ӡalӡala (f)	أفعى الجلجلة
anaconda (f)	anakūnda (f)	أناكوندا
lagarto (m)	siḥliyya (f)	سحليّة
iguana (f)	iɣwāna (f)	إغوانة
varano (m)	waral (m)	ورل
salamandra (f)	samandar (m)	سمندر
camaleón (m)	ḥirbā' (f)	حرباء
escorpión (m)	ʻaqrab (m)	عقرب
tortuga (f)	sulaḥfāt (f)	سلحفاة
rana (f)	ḍifḍaʻ (m)	ضفدع
sapo (m)	ḍifḍaʻ aṭ ṭīn (m)	ضفدع الطين
cocodrilo (m)	timsāḥ (m)	تمساح

93. Los insectos

insecto (m)	ḥaʃara (f)	حشرة
mariposa (f)	farāʃa (f)	فراشة
hormiga (f)	namla (f)	نملة
mosca (f)	ðubāba (f)	ذبابة
mosquito (m) (picadura de ~)	namūsa (f)	ناموسة
escarabajo (m)	xunfusa (f)	خنفسة
avispa (f)	dabbūr (m)	دبّور
abeja (f)	naḥla (f)	نحلة
abejorro (m)	naḥla ṭannāna (f)	نحلة طنّانة
moscardón (m)	naʻra (f)	نعرة
araña (f)	ʻankabūt (m)	عنكبوت
telaraña (f)	nasīӡ ʻankabūt (m)	نسيج عنكبوت

libélula (f)	yaʿsūb (m)	يعسوب
saltamontes (m)	ӡarād (m)	جراد
mariposa (f) nocturna	ʿitta (f)	عثّة
cucaracha (f)	ṣurṣūr (m)	صرصور
garrapata (f)	qurāda (f)	قرادة
pulga (f)	burɣūθ (m)	برغوث
mosca (f) negra	baʿūḍa (f)	بعوضة
langosta (f)	ӡarād (m)	جراد
caracol (m)	ḥalzūn (m)	حلزون
grillo (m)	ṣarrār al layl (m)	صرّار الليل
luciérnaga (f)	yarāʿa muḑīʾa (f)	يراعة مضيئة
mariquita (f)	daʿsūqa (f)	دعسوقة
sanjuanero (m)	ҳunfusa kabīra (f)	خنفسة كبيرة
sanguijuela (f)	ʿalaqa (f)	علقة
oruga (f)	yasrūʿ (m)	يسروع
lombriz (m) de tierra	dūda (f)	دودة
larva (f)	yaraqa (f)	يرقة

LA FLORA

T&P Books Publishing

árbol (m)	ʃaʒara (f)	شجرة
foliáceo (adj)	nafḍiyya	نفضيّة
conífero (adj)	ṣanawbariyya	صنوبريّة
de hoja perenne	dā'imat al xuḍra	دائمة الخضرة

manzano (m)	ʃaʒarat tuffāḥ (f)	شجرة تفّاح
peral (m)	ʃaʒarat kummaθra (f)	شجرة كمّثرى
cerezo (m), guindo (m)	ʃaʒarat karaz (f)	شجرة كرز
ciruelo (m)	ʃaʒarat barqūq (f)	شجرة برقوق

abedul (m)	batūla (f)	بتولا
roble (m)	ballūṭ (f)	بلّوط
tilo (m)	ʃaʒarat zayzafūn (f)	شجرة زيزفون

| pobo (m) | ḥawr raʒrāʒ (m) | حور رجراج |
| arce (m) | qayqab (f) | قيقب |

pícea (f)	ratinaʒ (f)	راتينج
pino (m)	ṣanawbar (f)	صنوبر
alerce (m)	arziyya (f)	أرزيّة

| abeto (m) | tannūb (f) | تنّوب |
| cedro (m) | arz (f) | أرز |

| álamo (m) | ḥawr (f) | حور |
| serbal (m) | xubayrā' (f) | غبيراء |

| sauce (m) | ṣafṣāf (f) | صفصاف |
| aliso (m) | ʒār il mā' (m) | جار الماء |

| haya (f) | zān (m) | زان |
| olmo (m) | dardār (f) | دردار |

| fresno (m) | marān (f) | مران |
| castaño (m) | kastanā' (f) | كستناء |

magnolia (f)	maxnūliya (f)	مغنوليا
palmera (f)	naxla (f)	نخلة
ciprés (m)	sarw (f)	سرو

mangle (m)	ayka sāḥiliyya (f)	أيكة ساحليّة
baobab (m)	bāubāb (f)	باوباب
eucalipto (m)	ukaliptus (f)	أوكاليبتوس
secoya (f)	siqūya (f)	سيكويا

95. Los arbustos

mata (f)	ʃuʒayra (f)	شجيرة
arbusto (m)	ʃuʒayrāt (pl)	شجيرات
vid (f)	karma (f)	كرمة
viñedo (m)	karam (m)	كرم
frambueso (m)	tūt al ʿullayq al aḥmar (m)	توت العليق الأحمر
grosellero (m) rojo	kiʃmiʃ aḥmar (m)	كشمش أحمر
grosellero (m) espinoso	ʿinab aθ θaʿlab (m)	عنب الثعلب
acacia (f)	sanṭ (f)	سنط
berberís (m)	amīr barīs (m)	أمير باريس
jazmín (m)	yāsmīn (m)	ياسمين
enebro (m)	ʿarʿar (m)	عرعر
rosal (m)	ʃuʒayrat ward (f)	شجيرة ورد
escaramujo (m)	ward ʒabaliy (m)	ورد جبليّ

96. Las frutas. Las bayas

fruto (m)	θamra (f)	ثمرة
frutos (m pl)	θamr (m)	ثمر
manzana (f)	tuffāḥa (f)	تفّاحة
pera (f)	kummaθra (f)	كمّثرى
ciruela (f)	barqūq (m)	برقوق
fresa (f)	farawla (f)	فراولة
guinda (f), cereza (f)	karaz (m)	كرز
uva (f)	ʿinab (m)	عنب
frambuesa (f)	tūt al ʿullayq al aḥmar (m)	توت العليق الأحمر
grosella (f) negra	ʿinab aθ θaʿlab al aswad (m)	عنب الثعلب الأسود
grosella (f) roja	kiʃmiʃ aḥmar (m)	كشمش أحمر
grosella (f) espinosa	ʿinab aθ θaʿlab (m)	عنب الثعلب
arándano (m) agrio	tūt aḥmar barriy (m)	توت أحمر برّيّ
naranja (f)	burtuqāl (m)	برتقال
mandarina (f)	yūsufiy (m)	يوسفي
piña (f)	ananās (m)	أناناس
banana (f)	mawz (m)	موز
dátil (m)	tamr (m)	تمر
limón (m)	laymūn (m)	ليمون
albaricoque (m)	miʃmiʃ (f)	مشمش
melocotón (m)	durrāq (m)	دراق
kiwi (m)	kiwi (m)	كيوي

toronja (f)	zinbā' (m)	زنباع
baya (f)	ḥabba (f)	حبّة
bayas (f pl)	ḥabbāt (pl)	حبّات
arándano (m) rojo	'inab aθ θawr (m)	عنب الثور
fresa (f) silvestre	farāwla barriyya (f)	فراولة برّية
arándano (m)	'inab al aḥrāʒ (m)	عنب الأحراج

97. Las flores. Las plantas

flor (f)	zahra (f)	زهرة
ramo (m) de flores	bāqat zuhūr (f)	باقة زهور
rosa (f)	warda (f)	وردة
tulipán (m)	tulīb (f)	توليب
clavel (m)	qurumful (m)	قرنفل
gladiolo (m)	dalbūθ (f)	دلبوث
aciano (m)	turunʃāh (m)	ترنشاه
campanilla (f)	ʒarīs (m)	جريس
diente (m) de león	hindibā' (f)	هندباء
manzanilla (f)	babunʒ (m)	بابونج
áloe (m)	aluwwa (m)	ألوّة
cacto (m)	ṣabbār (m)	صبّار
ficus (m)	tīn (m)	تين
azucena (f)	sawsan (m)	سوسن
geranio (m)	ibrat ar rā'i (f)	إبرة الراعي
jacinto (m)	zanbaq (f)	زنبق
mimosa (f)	mimūza (f)	ميموزا
narciso (m)	narʒis (f)	نرجس
capuchina (f)	abu χanʒar (f)	أبو خنجر
orquídea (f)	saḥlab (m)	سحلب
peonía (f)	fawniya (f)	فاوانيا
violeta (f)	banafsaʒ (f)	بنفسج
trinitaria (f)	banafsaʒ muθallaθ (m)	بنفسج مثلث
nomeolvides (f)	'āðān al fa'r (pl)	آذان الفأر
margarita (f)	uqḥuwān (f)	أقحوان
amapola (f)	χaʃχāʃ (f)	خشخاش
cáñamo (m)	qinnab (m)	قنب
menta (f)	na'nā' (m)	نعناع
muguete (m)	sawsan al wādi (m)	سوسن الوادي
campanilla (f) de las nieves	zahrat al laban (f)	زهرة اللبن
ortiga (f)	qarrāṣ (m)	قرّاص
acedera (f)	ḥammāḍ (m)	حمّاض

nenúfar (m)	nilūfar (m)	نيلوفر
helecho (m)	saraxs (m)	سرخس
liquen (m)	uʃna (f)	أشنة
invernadero (m) tropical	daffi'a (f)	دفيئة
césped (m)	ʿuʃb (m)	عشب
macizo (m) de flores	ȝunaynat zuhūr (f)	جنينة زهور
planta (f)	nabāt (m)	نبات
hierba (f)	ʿuʃb (m)	عشب
hoja (f) de hierba	ʿuʃba (f)	عشبة
hoja (f)	waraqa (f)	ورقة
pétalo (m)	waraqat az zahra (f)	ورقة الزهرة
tallo (m)	sāq (f)	ساق
tubérculo (m)	darnat nabāt (f)	درنة نبات
retoño (m)	nabta sayīra (f)	نبتة صغيرة
espina (f)	ʃawka (f)	شوكة
florecer (vi)	nawwar	نوّر
marchitarse (vr)	ðabal	ذبل
olor (m)	rā'iḥa (f)	رائحة
cortar (vt)	qaṭaʿ	قطع
coger (una flor)	qaṭaf	قطف

98. Los cereales, los granos

grano (m)	ḥubūb (pl)	حبوب
cereales (m pl) (plantas)	maḥāṣīl al ḥubūb (pl)	محاصيل الحبوب
espiga (f)	sumbula (f)	سنبلة
trigo (m)	qamḥ (m)	قمح
centeno (m)	ȝāwdār (m)	جاودار
avena (f)	ʃūfān (m)	شوفان
mijo (m)	duxn (m)	دخن
cebada (f)	ʃaʿīr (m)	شعير
maíz (m)	ðura (f)	ذرّة
arroz (m)	urz (m)	أرز
alforfón (m)	ḥinṭa sawdā' (f)	حنطة سوداء
guisante (m)	bisilla (f)	بسلة
fréjol (m)	faṣūliya (f)	فاصوليا
soya (f)	fūl aṣ ṣūya (m)	فول الصويا
lenteja (f)	ʿadas (m)	عدس
habas (f pl)	fūl (m)	فول

LOS PAÍSES

T&P Books Publishing

Afganistán (m)	afɣanistān (f)	أفغانستان
Albania (f)	albāniya (f)	ألبانيا
Alemania (f)	almāniya (f)	ألمانيا
Arabia (f) Saudita	as saʿūdiyya (f)	السعوديّة
Argentina (f)	arʒantīn (f)	الأرجنتين
Armenia (f)	armīniya (f)	أرمينيا
Australia (f)	usturāliya (f)	أستراليا
Austria (f)	an nimsa (f)	النمسا
Azerbaiyán (m)	aðarbiʒān (m)	أذربيجان
Bangladesh (m)	banʒladīʃ (f)	بنجلاديش
Bélgica (f)	balʒīka (f)	بلجيكا
Bielorrusia (f)	bilarūs (f)	بيلاروس
Bolivia (f)	bulīviya (f)	بوليفيا
Bosnia y Herzegovina	al busna wal hirsuk (f)	البوسنة والهرسك
Brasil (m)	al brazīl (f)	البرازيل
Bulgaria (f)	bulɣāriya (f)	بلغاريا
Camboya (f)	kambūdya (f)	كمبوديا
Canadá (f)	kanada (f)	كندا
Chequia (f)	atʃ tʃīk (f)	التشيك
Chile (m)	tʃīli (f)	تشيلي
China (f)	aṣ ṣīn (f)	الصين
Chipre (m)	qubruṣ (f)	قبرص
Colombia (f)	kulumbiya (f)	كولومبيا
Corea (f) del Norte	kūria aʃ ʃimāliyya (f)	كوريا الشماليّة
Corea (f) del Sur	kuriya al ʒanūbiyya (f)	كوريا الجنوبيّة
Croacia (f)	kruātiya (f)	كرواتيا
Cuba (f)	kūba (f)	كوبا
Dinamarca (f)	ad danimārk (f)	الدانمارك
Ecuador (m)	al iqwadūr (f)	الإكوادور
Egipto (m)	miṣr (f)	مصر
Emiratos (m pl) Árabes Unidos	al imārāt al ʿarabiyya al muttaḥida (pl)	الإمارات العربيّة المتّحدة
Escocia (f)	iskutlanda (f)	اسكتلندا
Eslovaquia (f)	sluvākiya (f)	سلوفاكيا
Eslovenia	sluvīniya (f)	سلوفينيا
España (f)	isbāniya (f)	إسبانيا
Estados Unidos de América	al wilāyāt al muttaḥida al amrīkiyya (pl)	الولايات المتّحدة الأمريكيّة
Estonia (f)	istūniya (f)	إستونيا
Finlandia (f)	finlanda (f)	فنلندا
Francia (f)	faransa (f)	فرنسا

100. Los países. Unidad 2

Georgia (f)	ʒūrʒiya (f)	جورجيا
Ghana (f)	yāna (f)	غانا
Gran Bretaña (f)	briṭāniya al ʻuẓma (f)	بريطانيا العظمى
Grecia (f)	al yūnān (f)	اليونان
Haití (m)	haīti (f)	هايتي
Hungría (f)	al maʒar (f)	المجر
India (f)	al hind (f)	الهند
Indonesia (f)	indunīsiya (f)	إندونيسيا
Inglaterra (f)	inʒiltirra (f)	إنجلترا
Irak (m)	al ʻirāq (m)	العراق
Irán (m)	īrān (f)	إيران
Irlanda (f)	irlanda (f)	أيرلندا
Islandia (f)	ʼāyslanda (f)	آيسلندا
Islas (f pl) Bahamas	ʒuzur bahāmas (pl)	جزر باهاماس
Israel (m)	isrāʼīl (f)	إسرائيل
Italia (f)	iṭāliya (f)	إيطاليا
Jamaica (f)	ʒamāyka (f)	جامايكا
Japón (m)	al yabān (f)	اليابان
Jordania (f)	al urdun (m)	الأردن
Kazajstán (m)	kazaxstān (f)	كازاخستان
Kenia (f)	kiniya (f)	كينيا
Kirguizistán (m)	qirɣizistān (f)	قيرغيزستان
Kuwait (m)	al kuwayt (f)	الكويت
Laos (m)	lawus (f)	لاوس
Letonia (f)	lātviya (f)	لاتفيا
Líbano (m)	lubnān (f)	لبنان
Libia (f)	lībiya (f)	ليبيا
Liechtenstein (m)	liʃtinʃtāyn (m)	ليشتنشتاين
Lituania (f)	litwāniya (f)	ليتوانيا
Luxemburgo (m)	luksimburɣ (f)	لوكسمبورغ
Macedonia	maqdūniya (f)	مقدونيا
Madagascar (m)	madaɣaʃqar (f)	مدغشقر
Malasia (f)	malīziya (f)	ماليزيا
Malta (f)	malṭa (f)	مالطا
Marruecos (m)	al maɣrib (m)	المغرب
Méjico (m)	al maksīk (f)	المكسيك
Moldavia (f)	muldāviya (f)	مولدافيا
Mónaco (m)	munāku (f)	موناكو
Mongolia (f)	manɣūliya (f)	منغوليا
Montenegro (m)	al ʒabal al aswad (m)	الجبل الأسود
Myanmar (m)	myanmār (f)	ميانمار

101. Los países. Unidad 3

Namibia (f)	namībiya (f)	ناميبيا
Nepal (m)	nibāl (f)	نيبال
Noruega (f)	an nirwīʒ (f)	النرويج
Nueva Zelanda (f)	nyu zilanda (f)	نيوزيلندا
Países Bajos (m pl)	hulanda (f)	هولندا
Pakistán (m)	bakistān (f)	باكستان
Palestina (f)	filisṭīn (f)	فلسطين
Panamá (f)	banama (f)	بنما
Paraguay (m)	baraɣwāy (f)	باراغواي
Perú (m)	biru (f)	بيرو
Polinesia (f) Francesa	bulinīziya al faransiyya (f)	بولينيزيا الفرنسيّة
Polonia (f)	bulanda (f)	بولندا
Portugal (m)	al burtuɣāl (f)	البرتغال
República (f) Dominicana	ʒumhūriyyat ad duminikan (f)	جمهوريّة الدومينيكان
República (f) Sudafricana	ʒumhūriyyat afrīqiya al ʒanūbiyya (f)	جمهريّة أفريقيا الجنوبيّة
Rumania (f)	rumāniya (f)	رومانيا
Rusia (f)	rūsiya (f)	روسيا
Senegal (m)	as siniɣāl (f)	السنغال
Serbia (f)	ṣirbiya (f)	صربيا
Siria (f)	sūriya (f)	سوريا
Suecia (f)	as suwayd (f)	السويد
Suiza (f)	swīsra (f)	سويسرا
Surinam (m)	surinām (f)	سورينام
Tayikistán (m)	ṭaʒīkistān (f)	طاجيكستان
Tailandia (f)	taylānd (f)	تايلاند
Taiwán (m)	taywān (f)	تايوان
Tanzania (f)	tanzāniya (f)	تنزانيا
Tasmania (f)	tasmāniya (f)	تاسمانيا
Túnez (m)	tūnis (f)	تونس
Turkmenistán (m)	turkmānistān (f)	تركمانستان
Turquía (f)	turkiya (f)	تركيا
Ucrania (f)	ukrāniya (f)	أوكرانيا
Uruguay (m)	uruɣwāy (f)	الأوروغواي
Uzbekistán (m)	uzbikistān (f)	أوزيكستان
Vaticano (m)	al vatikān (m)	الفاتيكان
Venezuela (f)	vinizwiyla (f)	فنزويلا
Vietnam (m)	vitnām (f)	فيتنام
Zanzíbar (m)	zanʒibār (f)	زنجبار

GLOSARIO GASTRONÓMICO

Esta sección contiene una
gran cantidad de palabras y
términos asociados con la
comida. Este diccionario le hará
más fácil la comprensión
del menú de un restaurante y
la elección del plato adecuado

T&P Books Publishing

Español-Árabe glosario gastronómico

Español	Transcripción	Árabe
¡Que aproveche!	hanī'an marī'an!	هنيئًا مريئًا!
abrebotellas (m)	fattāḥa (f)	فتّاحة
abrelatas (m)	fattāḥa (f)	فتّاحة
aceite (m) de girasol	zayt 'abīd aʃ ʃams (m)	زيت عبيد الشمس
aceite (m) de oliva	zayt az zaytūn (m)	زيت الزيتون
aceite (m) vegetal	zayt (m)	زيت
agua (f)	mā' (m)	ماء
agua (f) mineral	mā' ma'daniy (m)	ماء معدنيّ
agua (f) potable	mā' ʃurb (m)	ماء شرب
aguacate (m)	avukādu (f)	افوكاتو
ahumado (adj)	mudaxxin	مدخّن
ajo (m)	θūm (m)	ثوم
albahaca (f)	rīḥān (m)	ريحان
albaricoque (m)	miʃmiʃ (f)	مشمش
alcachofa (f)	xurʃūf (m)	خرشوف
alforfón (m)	ḥinṭa sawdā' (f)	حنطة سوداء
almendra (f)	lawz (m)	لوز
almuerzo (m)	ɣadā' (m)	غداء
amargo (adj)	murr	مرّ
anís (m)	yānsūn (m)	يانسون
anguila (f)	ḥankalīs (m)	حنكليس
aperitivo (m)	ʃarāb (m)	شراب
apetito (m)	ʃahiyya (f)	شهيّة
apio (m)	karafs (m)	كرفس
arándano (m)	'inab al aḥrāʒ (m)	عنب الأحراج
arándano (m) agrio	tūt aḥmar barriy (m)	توت أحمر بريّ
arándano (m) rojo	'inab aθ θawr (m)	عنب الثور
arenque (m)	rinʒa (f)	رنجة
arroz (m)	urz (m)	أرز
atún (m)	tūna (f)	تونة
avellana (f)	bunduq (m)	بندق
avena (f)	ʃūfān (m)	شوفان
azúcar (m)	sukkar (m)	سكّر
azafrán (m)	za'farān (m)	زعفران
azucarado, dulce (adj)	musakkar	مسكّر
bacalao (m)	samak al qudd (m)	سمك القدّ
banana (f)	mawz (m)	موز
bar (m)	bār (m)	بار
barman (m)	bārman (m)	بارمان
batido (m)	milk ʃiyk (m)	ميلك شيك
baya (f)	ḥabba (f)	حبّة
bayas (f pl)	ḥabbāt (pl)	حبّات
bebida (f) sin alcohol	maʃrūb ɣāziy (m)	مشروب غازي
bebidas (f pl) alcohólicas	maʃrūbāt kuḥūliyya (pl)	مشروبات كحوليّة

beicon (m)	bikūn (m)	بيكون
berenjena (f)	bātinȝān (m)	باذنجان
bistec (m)	biftīk (m)	بفتيك
bocadillo (m)	sandawitʃ (m)	ساندويتش
boleto (m) áspero	futr bullṭ (m)	فطر بوليط
boleto (m) castaño	futr aḥmar (m)	فطر أحمر
brócoli (m)	brukuli (m)	بركولي
brema (f)	abramīs (m)	أبراميس
cóctel (m)	kuktayl (m)	كوكتيل
caballa (f)	usqumriy (m)	أسقمريَ
cacahuete (m)	fūl sudāniy (m)	فول سودانيَ
café (m)	qahwa (f)	قهوة
café (m) con leche	qahwa bil ḥalīb (f)	قهوة بالحليب
café (m) solo	qahwa sāda (f)	قهوة سادة
café (m) soluble	niskafi (m)	نيسكافيه
calabacín (m)	kūsa (f)	كوسة
calabaza (f)	qarʿ (m)	قرع
calamar (m)	kalmāri (m)	كالماري
caldo (m)	maraq (m)	مرق
caliente (adj)	sāχin	ساخن
caloría (f)	suʿra ḥarāriyya (f)	سعرة حراريَة
camarón (m)	ȝambari (m)	جمبريَ
camarera (f)	nādila (f)	نادلة
camarero (m)	nādil (m)	نادل
canela (f)	qirfa (f)	قرفة
cangrejo (m) de mar	salṭaʿūn (m)	سلطعون
capuchino (m)	kaputʃīnu (m)	كابتشينو
caramelo (m)	bumbūn (m)	بونبون
carbohidratos (m pl)	naʃawiyyāt (pl)	نشويَات
carne (f)	laḥm (m)	لحم
carne (f) de carnero	laḥm aḍ ḍaʾn (m)	لحم الضأن
carne (f) de cerdo	laḥm al χinzīr (m)	لحم الخنزير
carne (f) de ternera	laḥm il ʿiȝl (m)	لحم العجل
carne (f) de vaca	laḥm al baqar (m)	لحم البقر
carne (f) picada	ḥaʃwa (f)	حشوة
carpa (f)	ʃabbūṭ (m)	شبُوط
carta (f) de vinos	qāʾimat al χumūr (f)	قائمة خمور
carta (f), menú (m)	qāʾimat aṭ ṭaʿām (f)	قائمة طعام
caviar (m)	kaviyār (m)	كافيار
caza (f) menor	ṣayd (m)	صيد
cebada (f)	ʃaʿīr (m)	شعير
cebolla (f)	baṣal (m)	بصل
cena (f)	ʿaʃāʾ (m)	عشاء
centeno (m)	ȝāwdār (m)	جاودار
cereales (m pl)	maḥāṣīl al ḥubūb (pl)	محاصيل الحبوب
cereales (m pl) integrales	ḥubūb (pl)	حبوب
cerveza (f)	bīra (f)	بيرة
cerveza (f) negra	bīra ɣāmiqa (f)	بيرة غامقة
cerveza (f) rubia	bīra χafīfa (f)	بيرة خفيفة
champaña (f)	ʃambāniya (f)	شمبانيا
chicle (m)	ʿilk (m)	علك
chocolate (m)	ʃukulāta (f)	شكولاتة

cilantro (m)	kuzbara (f)	كزبرة
ciruela (f)	barqūq (m)	برقوق
clara (f)	bayāḍ al bayḍ (m)	بياض البيض
clavo (m)	qurumful (m)	قرنفل
coñac (m)	kunyāk (m)	كونياك
cocido en agua (adj)	maslūq	مسلوق
cocina (f)	maṭbaχ (m)	مطبخ
col (f)	kurumb (m)	كرنب
col (f) de Bruselas	kurumb brūksil (m)	كرنب بروكسل
coliflor (f)	qarnabīṭ (m)	قرنبيط
colmenilla (f)	fuṭr al χūʃna (m)	فطر الغوشنة
comida (f)	akl (m)	أكل
comino (m)	karāwiya (f)	كراوية
con gas	bil χāz	بالغاز
con hielo	biθ θalʒ	بالثلج
condimento (m)	tābil (m)	تابل
conejo (m)	arnab (m)	أرنب
confitura (f)	murabba (m)	مربى
confitura (f)	murabba (m)	مربي
congelado (adj)	muʒammad	مجمد
conservas (f pl)	mu'allabāt (pl)	معلّبات
copa (f) de vino	ka's (f)	كأس
copos (m pl) de maíz	kurn fliks (m)	كورن فليكس
crema (f) de mantequilla	krīmat zubda (f)	كريمة زبدة
cuchara (f)	mil'aqa (f)	ملعقة
cuchara (f) de sopa	mil'aqa kabīra (f)	ملعقة كبيرة
cucharilla (f)	mil'aqat ʃāy (f)	ملعقة شاي
cuchillo (m)	sikkīn (m)	سكّين
cuenta (f)	ḥisāb (m)	حساب
dátil (m)	tamr (m)	تمر
de chocolate (adj)	biʃ ʃukulāṭa	بالشكولاتة
desayuno (m)	fuṭūr (m)	فطور
dieta (f)	ḥimya yaðā'iyya (f)	حمية غذائية
eneldo (m)	ʃabat (m)	شبت
ensalada (f)	sulṭa (f)	سلطة
entremés (m)	muqabbilāt (pl)	مقبّلات
espárrago (m)	halyūn (m)	هليون
espagueti (m)	spaγitti (m)	سباغيتي
especia (f)	bahār (m)	بهار
espiga (f)	sumbula (f)	سنبلة
espinaca (f)	sabāniχ (m)	سبانخ
esturión (m)	samak al ḥaʃʃ (m)	سمك الحفش
fletán (m)	samak al halbūt (m)	سمك الهلبوت
fréjol (m)	faṣūliya (f)	فاصوليا
frío (adj)	bārid	بارد
frambuesa (f)	tūt al 'ullayq al aḥmar (m)	توت العلّيق الأحمر
fresa (f)	farawla (f)	فراولة
fresa (f) silvestre	farāwla barriyya (f)	فراولة برّية
frito (adj)	maqliy	مقليّ
fruto (m)	fākiha (f)	فاكهة
frutos (m pl)	θamr (m)	ثمر
gachas (f pl)	'aṣīda (f)	عصيدة

galletas (f pl)	baskawīt (m)	بسكويت
gallina (f)	daʒāʒ (m)	دجاج
ganso (m)	iwazza (f)	إوزَة
gaseoso (adj)	mukarban	مكربن
ginebra (f)	ʒīn (m)	جين
gofre (m)	wāfil (m)	وافل
granada (f)	rummān (m)	رمان
grano (m)	ḥubūb (pl)	حبوب
grasas (f pl)	duhūn (pl)	دهون
grosella (f) espinosa	'inab aθ θa'lab (m)	عنب الثعلب
grosella (f) negra	'inab aθ θa'lab al aswad (m)	عنب الثعلب الأسود
grosella (f) roja	kiʃmiʃ aḥmar (m)	كشمش أحمر
guarnición (f)	ṭabaq ʒānibiy (m)	طبق جانبيّ
guisante (m)	bisilla (f)	بسلَة
hígado (m)	kibda (f)	كبدة
habas (f pl)	fūl (m)	فول
hamburguesa (f)	hamburger (m)	هامبورجر
harina (f)	daqīq (m)	دقيق
helado (m)	muθallaʒāt (pl)	مثلَجات
hielo (m)	θalʒ (m)	ثلج
higo (m)	tīn (m)	تين
hoja (f) de laurel	awrāq al ɣār (pl)	أوراق الغار
huevo (m)	bayḍa (f)	بيضة
huevos (m pl)	bayḍ (m)	بيض
huevos (m pl) fritos	bayḍ maqliy (m)	بيض مقليّ
jamón (m)	hām (m)	هام
jamón (m) fresco	faxð xinzīr (m)	فخذ خنزير
jengibre (m)	zanʒabīl (m)	زنجبيل
jugo (m) de tomate	'aṣīr ṭamāṭim (m)	عصير طماطم
kiwi (m)	kiwi (m)	كيوي
langosta (f)	karkand ʃāik (m)	كركند شائك
leche (f)	ḥalīb (m)	حليب
leche (f) condensada	ḥalīb mukaθθaf (m)	حليب مكثَف
lechuga (f)	xass (m)	خسّ
legumbres (f pl)	xuḍār (pl)	خضار
lengua (f)	lisān (m)	لسان
lenguado (m)	samak mufalṭaḥ (f)	سمك مفلطح
lenteja (f)	'adas (m)	عدس
licor (m)	liqiūr (m)	ليكيور
limón (m)	laymūn (m)	ليمون
limonada (f)	ʃarāb laymūn (m)	شراب ليمون
loncha (f)	ʃarīḥa (f)	شريحة
lucio (m)	samak al karāki (m)	سمك الكراكي
lucioperca (f)	samak sandar (m)	سمك سندر
maíz (m)	ðura (f)	ذرَة
maíz (m)	ðura (f)	ذرَة
macarrones (m pl)	makarūna (f)	مكرونة
mandarina (f)	yūsufiy (m)	يوسفي
mango (m)	mangu (m)	مانجو
mantequilla (f)	zubda (f)	زبدة
manzana (f)	tuffāḥa (f)	تفّاحة

margarina (f)	marɣarīn (m)	مرغرين
marinado (adj)	muxallil	مخلّل
mariscos (m pl)	fawākih al baḥr (pl)	فواكه البحر
matamoscas (m)	fuṭr amānīt aṭ ṭā'ir as sāmm (m)	فطر أمانيت الطائر السامّ
mayonesa (f)	mayunīz (m)	مايونيز
melón (m)	baṭṭīx aṣfar (f)	بطّيخ أصفر
melocotón (m)	durrāq (m)	دراق
mermelada (f)	marmalād (f)	مرملاد
miel (f)	'asal (m)	عسل
miga (f)	futāta (f)	فتاتة
mijo (m)	duxn (m)	دخن
mini tarta (f)	ka'k (m)	كعك
mondadientes (m)	xallat asnān (f)	خلّة أسنان
mostaza (f)	ṣalṣat al xardal (f)	صلصة الخردل
nabo (m)	lift (m)	لفت
naranja (f)	burtuqāl (m)	برتقال
nata (f) agria	krīma ḥāmiḍa (f)	كريمة حامضة
nata (f) líquida	krīma (f)	كريمة
nuez (f)	'ayn al ӡamal (f)	عين الجمل
nuez (f) de coco	ӡawz al hind (m)	جوز هند
olivas, aceitunas (f pl)	zaytūn (m)	زيتون
oronja (f) verde	fuṭr amānīt falusyāniy as sāmm (m)	فطر أمانيت فالوسياني السامّ
ostra (f)	maḥār (m)	محار
pan (m)	xubz (m)	خبز
papaya (f)	babāya (m)	بابايا
paprika (f)	babrika (f)	بابريكا
pasas (f pl)	zabīb (m)	زبيب
pasteles (m pl)	ḥalawiyyāt (pl)	حلويّات
paté (m)	ma'ӡūn laḥm (m)	معجون لحم
patata (f)	baṭāṭis (f)	بطاطس
pato (m)	baṭṭa (f)	بطّة
pava (f)	daӡāӡ rūmiy (m)	دجاج رومي
pedazo (m)	qiṭ'a (f)	قطعة
pepino (m)	xiyār (m)	خيار
pera (f)	kummaθra (f)	كمّثرى
perca (f)	farx (m)	فرخ
perejil (m)	baqdūnis (m)	بقدونس
pescado (m)	samak (m)	سمك
piña (f)	ananās (m)	أناناس
piel (f)	qiſra (f)	قشرة
pimienta (f) negra	filfil aswad (m)	فلفل أسود
pimienta (f) roja	filfil aḥmar (m)	فلفل أحمر
pimiento (m) dulce	filfil (m)	فلفل
pistachos (m pl)	fustuq (m)	فستق
pizza (f)	bītza (f)	بيتزا
platillo (m)	ṭabaq finӡān (m)	طبق فنجان
plato (m)	waӡba (f)	وجبة
plato (m)	ṭabaq (m)	طبق
pomelo (m)	zinbā' (m)	زنباع
porción (f)	waӡba (f)	وجبة

postre (m)	ḥalawiyyāt (pl)	حلويّات
propina (f)	baqʃiʃ (m)	بقشيش
proteínas (f pl)	brutināt (pl)	بروتينات
pudin (m)	būding (m)	بودنج
puré (m) de patatas	harīs baṭāṭis (m)	هريس بطاطس
queso (m)	ʒubna (f)	جبنة
rábano (m)	fiʒl (m)	فجل
rábano (m) picante	fiʒl ḥārr (m)	فجل حارّ
rúsula (f)	fuṭr russūla (m)	فطر روسّولا
rebozuelo (m)	fuṭr kwīzi (m)	فطر كويزي
receta (f)	waṣfa (f)	وصفة
refresco (m)	maʃrūb muθallaʒ (m)	مشروب مثلّج
regusto (m)	al maðāq al ʿāliq fil fam (m)	المذاق العالق فى الفم
relleno (m)	ḥaʃwa (f)	حشوة
remolacha (f)	banʒar (m)	بنجر
ron (m)	rum (m)	رم
sésamo (m)	simsim (m)	سمسم
sabor (m)	ṭaʿm (m)	طعم
sabroso (adj)	laðīð	لذيذ
sacacorchos (m)	barrīma (f)	بريمة
sal (f)	milḥ (m)	ملح
salado (adj)	māliḥ	مالح
salchichón (m)	suʒuq (m)	سجق
salchicha (f)	suʒuq (m)	سجق
salmón (m)	salmūn (m)	سلمون
salmón (m) del Atlántico	salmūn aṭlasiy (m)	سلمون أطلسيّ
salsa (f)	ṣalṣa (f)	صلصة
sandía (f)	baṭṭīx aḥmar (m)	بطّيخ أحمر
sardina (f)	sardīn (m)	سردين
seco (adj)	muʒaffaf	مجفف
seta (f)	fuṭr (f)	فطر
seta (f) comestible	fuṭr ṣāliḥ lil akl (m)	فطر صالح للأكل
seta (f) venenosa	fuṭr sāmm (m)	فطر سامّ
seta calabaza (f)	fuṭr bulīṭ ma'kūl (m)	فطر بوليط مأكول
siluro (m)	qarmūṭ (m)	قرموط
sin alcohol	bi dūn kuḥūl	بدون كحول
sin gas	bi dūn ɣāz	بدون غاز
sopa (f)	ʃūrba (f)	شوربة
soya (f)	fūl aṣ ṣūya (m)	فول الصويا
té (m)	ʃāy (m)	شاي
té (m) negro	ʃāy aswad (m)	شاي أسود
té (m) verde	ʃāy axḍar (m)	شاي أخضر
tallarines (m pl)	nūdlis (f)	نودلز
tarta (f)	tūrta (f)	تورتة
tarta (f)	faṭīra (f)	فطيرة
taza (f)	finʒān (m)	فنجان
tenedor (m)	ʃawka (f)	شوكة
tiburón (m)	qirʃ (m)	قرش
tomate (m)	ṭamāṭim (f)	طماطم
tortilla (f) francesa	bayḍ maxfūq (m)	بيض مخفوق
trigo (m)	qamḥ (m)	قمح
trucha (f)	salmūn muraqqaṭ (m)	سلمون مرقّط

uva (f)	'inab (m)	عنب
vaso (m)	kubbāya (f)	كبّاية
vegetariano (adj)	nabātiy	نباتيّ
vegetariano (m)	nabātiy (m)	نباتيّ
verduras (f pl)	xuḍrawāt waraqiyya (pl)	خضروات ورقيّة
vermú (m)	virmut (m)	فيرموث
vinagre (m)	χall (m)	خلّ
vino (m)	nabīð (f)	نبيذ
vino (m) blanco	nibīð abyaḍ (m)	نبيذ أبيض
vino (m) tinto	nabīð aḥmar (m)	نبيذ أحمر
vitamina (f)	vitamīn (m)	فيتامين
vodka (m)	vudka (f)	فودكا
whisky (m)	wiski (m)	وسكي
yema (f)	ṣafār al bayḍ (m)	صفار البيض
yogur (m)	yūɣurt (m)	يوغورت
zanahoria (f)	ʒazar (m)	جزر
zarzamoras (f pl)	θamar al 'ullayk (m)	ثمر العليّق
zumo (m) de naranja	'aṣīr burtuqāl (m)	عصير برتقال
zumo (m) fresco	'aṣīr ṭāziʒ (m)	عصير طازج
zumo (m), jugo (m)	'aṣīr (m)	عصير

طبق فنجان	ṭabaq finʒān (m)	platillo (m)
كبّاية	kubbāya (f)	vaso (m)
كأس	ka's (f)	copa (f) de vino
لحم	laḥm (m)	carne (f)
دجاج	daʒāʒ (m)	gallina (f)
بطّة	baṭṭa (f)	pato (m)
إوزّة	iwazza (f)	ganso (m)
صيد	ṣayd (m)	caza (f) menor
دجاج رومي	daʒāʒ rūmiy (m)	pava (f)
لحم الخنزير	laḥm al χinzīr (m)	carne (f) de cerdo
لحم العجل	laḥm il ʿiʒl (m)	carne (f) de ternera
لحم الضأن	laḥm aḍ ḍa'n (m)	carne (f) de carnero
لحم البقر	laḥm al baqar (m)	carne (f) de vaca
أرنب	arnab (m)	conejo (m)
سجق	suʒuq (m)	salchichón (m)
سجق	suʒuq (m)	salchicha (f)
بيكون	bikūn (m)	beicon (m)
هام	hām (m)	jamón (m)
فخذ خنزير	faχð χinzīr (m)	jamón (m) fresco
معجون لحم	maʿʒūn laḥm (m)	paté (m)
كبدة	kibda (f)	hígado (m)
حشوة	ḥaʃwa (f)	carne (f) picada
لسان	lisān (m)	lengua (f)
بيضة	bayḍa (f)	huevo (m)
بيض	bayḍ (m)	huevos (m pl)
بياض البيض	bayāḍ al bayḍ (m)	clara (f)
صفار البيض	ṣafār al bayḍ (m)	yema (f)
سمك	samak (m)	pescado (m)
فواكه البحر	fawākih al baḥr (pl)	mariscos (m pl)
كافيار	kaviyār (m)	caviar (m)
سلطعون	salṭaʿūn (m)	cangrejo (m) de mar
جمبري	ʒambari (m)	camarón (m)
محار	maḥār (m)	ostra (f)
كركند شائك	karkand ʃāik (m)	langosta (f)
كالماري	kalmāri (m)	calamar (m)
سمك الحفش	samak al ḥaʃʃ (m)	esturión (m)
سلمون	salmūn (m)	salmón (m)
سمك الهلبوت	samak al halbūt (m)	fletán (m)
سمك القدّ	samak al qudd (m)	bacalao (m)
أسقمري	usqumriy (m)	caballa (f)
تونة	tūna (f)	atún (m)
حنكليس	ḥankalīs (m)	anguila (f)
سلمون مرقّط	salmūn muraqqaṭ (m)	trucha (f)
سردين	sardīn (m)	sardina (f)

سمك الكراكي	samak al karāki (m)	lucio (m)
رنجة	rinʒa (f)	arenque (m)
خبز	χubz (m)	pan (m)
جبنة	ʒubna (f)	queso (m)
سكّر	sukkar (m)	azúcar (m)
ملح	milḥ (m)	sal (f)
أرز	urz (m)	arroz (m)
مكرونة	makarūna (f)	macarrones (m pl)
نودلز	nūdlis (f)	tallarines (m pl)
زبدة	zubda (f)	mantequilla (f)
زيت	zayt (m)	aceite (m) vegetal
زيت عبيد الشمس	zayt ‘abīd aʃ ʃams (m)	aceite (m) de girasol
مرغرين	marɣarīn (m)	margarina (f)
زيتون	zaytūn (m)	olivas, aceitunas (f pl)
زيت الزيتون	zayt az zaytūn (m)	aceite (m) de oliva
حليب	ḥalīb (m)	leche (f)
حليب مكثّف	ḥalīb mukaθθaf (m)	leche (f) condensada
يوغورت	yūɣurt (m)	yogur (m)
كريمة حامضة	krīma ḥāmiḍa (f)	nata (f) agria
كريمة	krīma (f)	nata (f) líquida
مايونيز	mayunīz (m)	mayonesa (f)
كريمة زبدة	krīmat zubda (f)	crema (f) de mantequilla
حبوب	ḥubūb (pl)	cereales (m pl) integrales
دقيق	daqīq (m)	harina (f)
معلّبات	mu‘allabāt (pl)	conservas (f pl)
كورن فليكس	kurn fliks (m)	copos (m pl) de maíz
عسل	‘asal (m)	miel (f)
مربّى	murabba (m)	confitura (f)
علك	‘ilk (m)	chicle (m)
ماء	mā’ (m)	agua (f)
ماء شرب	mā’ ʃurb (m)	agua (f) potable
ماء معدنيّ	mā’ ma‘daniy (m)	agua (f) mineral
بدون غاز	bi dūn ɣāz	sin gas
مكربن	mukarban	gaseoso (adj)
بالغاز	bil ɣāz	con gas
ثلج	θalʒ (m)	hielo (m)
بالثلج	biθ θalʒ	con hielo
بدون كحول	bi dūn kuḥūl	sin alcohol
مشروب غازي	maʃrūb ɣāziy (m)	bebida (f) sin alcohol
مشروب مثلّج	maʃrūb muθallaʒ (m)	refresco (m)
شراب ليمون	ʃarāb laymūn (m)	limonada (f)
مشروبات كحوليّة	maʃrūhāt kuḥūliyya (pl)	bebidas (f pl) alcohólicas
نبيذ	nabīð (f)	vino (m)
نبيذ أبيض	nibīð abyaḍ (m)	vino (m) blanco
نبيذ أحمر	nabīð aḥmar (m)	vino (m) tinto
ليكيور	liqiūr (m)	licor (m)
شمبانيا	ʃambāniya (f)	champaña (f)
فيرموث	virmut (m)	vermú (m)
وسكي	wiski (m)	whisky (m)
فودكا	vudka (f)	vodka (m)
جين	ʒīn (m)	ginebra (f)
كونياك	kunyāk (m)	coñac (m)

رم	rum (m)	ron (m)
قهوة	qahwa (f)	café (m)
قهوة سادة	qahwa sāda (f)	café (m) solo
قهوة بالحليب	qahwa bil ḥalīb (f)	café (m) con leche
كابتشينو	kaputʃīnu (m)	capuchino (m)
نيسكافيه	niskafi (m)	café (m) soluble
كوكتيل	kuktayl (m)	cóctel (m)
ميلك شيك	milk ʃiyk (m)	batido (m)
عصير	ʿaṣīr (m)	zumo (m), jugo (m)
عصير طماطم	ʿaṣīr ṭamāṭim (m)	jugo (m) de tomate
عصير برتقال	ʿaṣīr burtuqāl (m)	zumo (m) de naranja
عصير طازج	ʿaṣīr ṭāziʒ (m)	zumo (m) fresco
بيرة	bīra (f)	cerveza (f)
بيرة خفيفة	bīra ҳafīfa (f)	cerveza (f) rubia
بيرة غامقة	bīra ɣāmiqa (f)	cerveza (f) negra
شاي	ʃāy (m)	té (m)
شاي أسود	ʃāy aswad (m)	té (m) negro
شاي أخضر	ʃāy aҳḍar (m)	té (m) verde
خضار	ҳuḍār (pl)	legumbres (f pl)
خضروات ورقيّة	ҳuḍrawāt waraqiyya (pl)	verduras (f pl)
طماطم	ṭamāṭim (f)	tomate (m)
خيار	ҳiyār (m)	pepino (m)
جزر	ʒazar (m)	zanahoria (f)
بطاطس	baṭāṭis (f)	patata (f)
بصل	baṣal (m)	cebolla (f)
ثوم	θūm (m)	ajo (m)
كرنب	kurumb (m)	col (f)
قرنبيط	qarnabīṭ (m)	coliflor (f)
كرنب بروكسل	kurumb brūksil (m)	col (f) de Bruselas
بركولي	brukuli (m)	brócoli (m)
بنجر	banʒar (m)	remolacha (f)
باذنجان	bātinʒān (m)	berenjena (f)
كوسة	kūsa (f)	calabacín (m)
قرع	qarʿ (m)	calabaza (f)
لفت	lift (m)	nabo (m)
بقدونس	baqdūnis (m)	perejil (m)
شبت	ʃabat (m)	eneldo (m)
خس	ҳass (m)	lechuga (f)
كرفس	karafs (m)	apio (m)
هليون	halyūn (m)	espárrago (m)
سبانخ	sabāniҳ (m)	espinaca (f)
بسلة	bisilla (f)	guisante (m)
فول	fūl (m)	habas (f pl)
ذرّة	ðura (f)	maíz (m)
فاصوليا	faṣūliya (f)	fréjol (m)
فلفل	filfil (m)	pimiento (m) dulce
فجل	fiʒl (m)	rábano (m)
خرشوف	ҳurʃūf (m)	alcachofa (f)
فاكهة	fākiha (f)	fruto (m)
تفّاحة	tuffāḥa (f)	manzana (f)
كمّثرى	kummaθra (f)	pera (f)
ليمون	laymūn (m)	limón (m)

برتقال	burtuqāl (m)	naranja (f)
فراولة	farawla (f)	fresa (f)
يوسفي	yūsufiy (m)	mandarina (f)
برقوق	barqūq (m)	ciruela (f)
دراق	durrāq (m)	melocotón (m)
مشمش	miʃmiʃ (f)	albaricoque (m)
توت العليق الأحمر	tūt al ʿullayq al aḥmar (m)	frambuesa (f)
أناناس	ananās (m)	piña (f)
موز	mawz (m)	banana (f)
بطيخ أحمر	baṭṭīχ aḥmar (m)	sandía (f)
عنب	ʿinab (m)	uva (f)
بطيخ أصفر	baṭṭīχ aṣfar (f)	melón (m)
زنباع	zinbāʿ (m)	pomelo (m)
افوكاتو	avukādu (f)	aguacate (m)
بابايا	babāya (m)	papaya (f)
مانجو	mangu (m)	mango (m)
رمان	rummān (m)	granada (f)
كشمش أحمر	kiʃmiʃ aḥmar (m)	grosella (f) roja
عنب الثعلب الأسود	ʿinab aθ θaʿlab al aswad (m)	grosella (f) negra
عنب الثعلب	ʿinab aθ θaʿlab (m)	grosella (f) espinosa
عنب الأحراج	ʿinab al aḥrāʒ (m)	arándano (m)
ثمر العليّق	θamar al ʿullayk (m)	zarzamoras (f pl)
زبيب	zabīb (m)	pasas (f pl)
تين	tīn (m)	higo (m)
تمر	tamr (m)	dátil (m)
فول سوداني	fūl sudāniy (m)	cacahuete (m)
لوز	lawz (m)	almendra (f)
عين الجمل	ʿayn al ʒamal (f)	nuez (f)
بندق	bunduq (m)	avellana (f)
جوز هند	ʒawz al hind (m)	nuez (f) de coco
فستق	fustuq (m)	pistachos (m pl)
حلويات	ḥalawiyyāt (pl)	pasteles (m pl)
بسكويت	baskawīt (m)	galletas (f pl)
شكولاتة	ʃukulāta (f)	chocolate (m)
بالشكولاتة	biʃ ʃukulāṭa	de chocolate (adj)
بونبون	bumbūn (m)	caramelo (m)
كعك	kaʿk (m)	mini tarta (f)
تورتة	tūrta (f)	tarta (f)
فطيرة	faṭīra (f)	tarta (f)
حشوة	ḥaʃwa (f)	relleno (m)
سربى	murabba (m)	confitura (f)
مرملاد	marmalād (f)	mermelada (f)
وافل	wāfil (m)	gofre (m)
مثلّجات	muθallaʒāt (pl)	helado (m)
وجبة	waʒba (f)	plato (m)
مطبخ	maṭbaχ (m)	cocina (f)
وصفة	waṣfa (f)	receta (f)
وجبة	waʒba (f)	porción (f)
سلطة	sulṭa (f)	ensalada (f)
شورية	ʃūrba (f)	sopa (f)
مرق	maraq (m)	caldo (m)

ساندويتش	sandawitʃ (m)	bocadillo (m)
بيض مقليّ	bayḍ maqliy (m)	huevos (m pl) fritos
هامبورجر	hamburger (m)	hamburguesa (f)
بفتيك	biftīk (m)	bistec (m)
طبق جانبيّ	ṭabaq ʒānibiy (m)	guarnición (f)
سباغيتي	spaɣitti (m)	espagueti (m)
هريس بطاطس	harīs baṭāṭis (m)	puré (m) de patatas
بيتزا	bītza (f)	pizza (f)
عصيدة	ʿasīda (f)	gachas (f pl)
بيض مخفوق	bayḍ maxfūq (m)	tortilla (f) francesa
مسلوق	maslūq	cocido en agua (adj)
مدخّن	mudaxxin	ahumado (adj)
مقليّ	maqliy	frito (adj)
مجفّف	muʒaffaf	seco (adj)
مجمّد	muʒammad	congelado (adj)
مخلّل	muxallil	marinado (adj)
مسكّر	musakkar	azucarado, dulce (adj)
مالح	māliḥ	salado (adj)
بارد	bārid	frío (adj)
ساخن	sāxin	caliente (adj)
مرّ	murr	amargo (adj)
لذيذ	laðīð	sabroso (adj)
قشرة	qiʃra (f)	piel (f)
فلفل أسود	filfil aswad (m)	pimienta (f) negra
فلفل أحمر	filfil aḥmar (m)	pimienta (f) roja
صلصة الخردل	ṣalṣat al xardal (f)	mostaza (f)
فجل حارّ	fiʒl ḥārr (m)	rábano (m) picante
تابل	tābil (m)	condimento (m)
بهار	bahār (m)	especia (f)
صلصة	ṣalṣa (f)	salsa (f)
خلّ	xall (m)	vinagre (m)
يانسون	yānsūn (m)	anís (m)
ريحان	rīḥān (m)	albahaca (f)
قرنفل	qurumful (m)	clavo (m)
زنجبيل	zanʒabīl (m)	jengibre (m)
كزبرة	kuzbara (f)	cilantro (m)
قرفة	qirfa (f)	canela (f)
سمسم	simsim (m)	sésamo (m)
أوراق الغار	awrāq al ɣār (pl)	hoja (f) de laurel
بابريكا	babrika (f)	paprika (f)
كراوية	karāwiya (f)	comino (m)
زعفران	za'farān (m)	azafrán (m)
أكل	akl (m)	comida (f)
فطور	fuṭūr (m)	desayuno (m)
غداء	ɣadāʾ (m)	almuerzo (m)
عشاء	'aʃāʾ (m)	cena (f)
شهيّة	ʃahiyya (f)	apetito (m)
هنيئًا مريئًا!	hanīʾan marīʾan!	¡Que aproveche!
طعم	ṭa'm (m)	sabor (m)
المذاق العالق في الفم	al maðāq al 'āliq fil fam (m)	regusto (m)
حمية غذائية	ḥimya ɣadāʾiyya (f)	dieta (f)
فيتامين	vitamīn (m)	vitamina (f)

سعرة حرارية	su'ra ḥarāriyya (f)	caloría (f)
نباتيّ	nabātiy (m)	vegetariano (m)
نباتيّ	nabātiy	vegetariano (adj)
دهون	duhūn (pl)	grasas (f pl)
بروتينات	brutināt (pl)	proteínas (f pl)
نشويّات	naʃawiyyāt (pl)	carbohidratos (m pl)
شريحة	ʃarīḥa (f)	loncha (f)
قطعة	qit'a (f)	pedazo (m)
فتاتة	futāta (f)	miga (f)
ملعقة	mil'aqa (f)	cuchara (f)
سكّين	sikkīn (m)	cuchillo (m)
شوكة	ʃawka (f)	tenedor (m)
فنجان	finʒān (m)	taza (f)
طبق	ṭabaq (m)	plato (m)
خلّة أسنان	χallat asnān (f)	mondadientes (m)
بار	bār (m)	bar (m)
نادل	nādil (m)	camarero (m)
نادلة	nādila (f)	camarera (f)
بارمان	bārman (m)	barman (m)
قائمة طعام	qā'imat aṭ ṭa'ām (f)	carta (f), menú (m)
قائمة خمور	qā'imat al χumūr (f)	carta (f) de vinos
شراب	ʃarāb (m)	aperitivo (m)
مقبّلات	muqabbilāt (pl)	entremés (m)
حلويّات	ḥalawiyyāt (pl)	postre (m)
حساب	ḥisāb (m)	cuenta (f)
بقشيش	baqʃīʃ (m)	propina (f)
ملعقة شاي	mil'aqat ʃāy (f)	cucharilla (f)
ملعقة كبيرة	mil'aqa kabīra (f)	cuchara (f) de sopa
فتّاحة	fattāḥa (f)	abrebotellas (m)
فتّاحة	fattāḥa (f)	abrelatas (m)
بريمة	barrīma (f)	sacacorchos (m)
أبراميس	abramīs (m)	brema (f)
شبّوط	ʃabbūṭ (m)	carpa (f)
فرخ	farχ (m)	perca (f)
قرموط	qarmūṭ (m)	siluro (m)
سلمون أطلسيّ	salmūn aṭlasiy (m)	salmón (m) del Atlántico
سمك مفلطح	samak mufalṭaḥ (f)	lenguado (m)
سمك سندر	samak sandar (m)	lucioperca (f)
قرش	qirʃ (m)	tiburón (m)
فطر	fuṭr (f)	seta (f)
فطر صالح للأكل	fuṭr ṣāliḥ lil akl (m)	seta (f) comestible
فطر سامّ	fuṭr sāmm (m)	seta (f) venenosa
فطر بوليط مأكول	fuṭr bulīṭ ma'kūl (m)	seta calabaza (f)
فطر أحمر	fuṭr aḥmar (m)	boloto (m) castaño
فطر بوليط	fuṭr bulīṭ (m)	boleto (m) áspero
فطر كويزي	fuṭr kwīzi (m)	rebozuelo (m)
فطر روسّولا	fuṭr russūla (m)	rúsula (f)
فطر الغوشنة	fuṭr al χūʃna (m)	colmenilla (f)
فطر أمانيت الطائر السامّ	fuṭr amānīt aṭ ṭā'ir as sāmm (m)	matamoscas (m)
فطر أمانيت فالوسياني السامّ	fuṭr amānīt falusyāniy as sāmm (m)	oronja (f) verde

توت أحمر برّيّ	tūt aḥmar barriy (m)	arándano (m) agrio
كيوي	kiwi (m)	kiwi (m)
حبّة	ḥabba (f)	baya (f)
حبّات	ḥabbāt (pl)	bayas (f pl)
عنب الثور	'inab aθ θawr (m)	arándano (m) rojo
فراولة برّيّة	farāwla barriyya (f)	fresa (f) silvestre
حبوب	ḥubūb (pl)	grano (m)
محاصيل الحبوب	maḥāṣīl al ḥubūb (pl)	cereales (m pl)
سنبلة	sumbula (f)	espiga (f)
قمح	qamḥ (m)	trigo (m)
جاودار	ȝāwdār (m)	centeno (m)
شوفان	ʃūfān (m)	avena (f)
دخن	duχn (m)	mijo (m)
شعير	ʃaʿīr (m)	cebada (f)
ذرَة	ðura (f)	maíz (m)
حنطة سوداء	ḥinṭa sawdā' (f)	alforfón (m)
فول الصويا	fūl aṣ ṣūya (m)	soya (f)
عدس	'adas (m)	lenteja (f)
بودنج	būding (m)	pudin (m)
ثمر	θamr (m)	frutos (m pl)